独角兽
法学精品

人 工 智 能

监管数字市场：
欧盟路径

REGULATING DIGITAL MARKETS:
THE EUROPEAN APPROACH

彭诚信 主编

〔意大利〕安东尼奥·曼加内利 (Antonio Manganelli)
安东尼奥·尼基塔 (Antonio Nicita) / 著

王杰 李炫圻 / 译

上海人民出版社

主编序

一

2023年，火遍全网的ChatGPT再次刷新了人类对人工智能的认知。ChatGPT是一种全新的聊天机器人模型，它采用人工神经网络和深度学习等技术，能够学习大量的语言数据，从中提取语言规律和模式，生成具有逻辑和语法正确性的文本。ChatGPT的背后，是基于大语言模型建构的生成式人工智能的不断兴起。由此引发的学术讨论，除了在特定领域内的针对性分析之外，进一步延伸到范式革命、治理迭代和规制创新等宏观问题。ChatGPT及其引发的社会关注和学术讨论，延续了人工智能法学研究的基本逻辑：技术的迭代发展与法律制度保守滞后之间的张力。不同于人工智能应用初期带来的范式焦虑以及"假想式"研究，随着技术路径的逐渐稳定和学术共识的不断沉淀，法学领域的相关研究已经走向了具体化和精细化。在本体论层面，算法、数据与算力作为人工智能的三大支柱，基本没有争议，法学界通常直接借用专业领域的研究结论，以之作为论证的起点；从认识论的角度出发，法学研究主要聚焦于算法应用的风险规制和数据权益的法律归属；从方法论的视角观察，仍以法解释学为中心，限缩或扩张概念内涵以增强解释力，在论证过程中比较法的素材依然是重要依据，并最终落脚于既有规则的修改完善；如果上升到价值论层面，技术中立的预设已是不切实际的幻想，以跨境数据流动的国际博弈为切口，清晰地呈现出国家权力在人工智能法律问

1

题上的建构性影响。

事实上，在人工智能法学这一命题之外，还有不少类似表达，试图更加完整、准确地提炼和归纳新兴技术引发的法律问题和研究旨趣。在信息法学、计算法学、认知法学、数据法学等概念之外，数字法学以其对数字技术、数字经济、数字市场乃至数字社会的整体性涵摄和概括性凝练，逐渐受到认可。虽然有关数字法学是否能够超越法学二级学科的束缚，甚至代表未来法学的发展趋势，从而实现法学理论的转型重建和曲线升级，在学术界还存在巨大争议，但是，这种统合与归并显然有助于拓宽思考问题的视阈和背景。在互联网发展的早期，线上世界与线下世界虽不至于泾渭分明，但毕竟区分明显。"互联网＋"的实践探索，则是社会生活数字化的先声与前哨。当智能手机与移动互联网普及应用之后，作为社会基本单元的人已经并将持续被数字化裹挟，随之而来的深远影响并非简单叠加"数字"之后，就能在"旧瓶装新酒"的路径依赖下获得正确答案。

鉴此，"独角兽·人工智能"第六辑在第五辑将"人工智能与隐私""人工智能与数据"作为国外法学精品专著筛选主题的基础上，进一步拓宽视野，锁定在数字社会这一背景下，分析与研究数据集中和数字权力可能引发的控制力矛盾，即人类飞速发展的控制能力和落后的自我控制力之间的内在冲突。数据垄断现象、数字市场秩序问题以及数字社会正义体系，本质上均是这种矛盾的表现形式或最终的价值归宿。之所以对筛选的译著进行上述限定，是希冀面对数字化转型的诱惑时，始终明确，无论是规范、规制还是治理，其核心的激励取向仍然要以促进和实现人的价值为中心。

二

本辑译丛是"独角兽·人工智能"第六辑。正所谓"半亩方塘一鉴开，天光云影共徘徊"，编辑和译者们以数据垄断、数字市场、数据正义为取向，精心选择了三部著作，以期能够让读者们透过现象看本质，从不同维度思考人工智能及其背后的数字技术对人类社会的革命性影响。这三部著作分别是莎拉·拉姆丹(Sarah Lamdan)的《"付费墙"：被垄断的数据》，安东尼奥·曼加内利(Antonio Manganelli)与安东尼奥·尼基塔(Antonio Nicita)合著的《监管数字市场：欧盟路径》，莉娜·丹席克(Lina Dencik)、阿恩·欣茨(Arne Hintz)、乔安娜·雷登(Joanna Redden)、埃米利亚诺·特雷(Emiliano Treré)合著的《数据正义》。

《"付费墙"：被垄断的数据》一书，分析了数据垄断给反垄断监管带来的挑战。在数字空间中，数据就是权力，垄断了大量数据的公司拥有很高的地位，并通过各种手段保持其控制力。数据垄断企业已经成为难以监管的"数据卡特尔"，本书形象地展示了挖掘和销售数据与信息资源的公司正在加剧社会不平等。目前，少数几家大公司支配了大部分关键数据资源，通过各种"合法"业务，掌控了数字经济命脉。通过对数据的控制，这些公司可以阻碍信息的自由流动，巧妙利用法律漏洞，以加剧数字种族主义等方式管理数据。私有化和网络中立阻碍了有效法律的制定，由此导致超大型数据寡头进一步的垄断合并。为了改变这种现状，除了制定相关法律和基于市场的解决方案外，将数据视为公共产品，通过构建理想的数字基础设施来支持其公共产品属性，是解决数据垄断问题的基本思路。

《监管数字市场：欧盟路径》一书介绍了欧盟的数字市场规制模式，分析了数字革命给欧盟监管机构和政策制定者带来的挑战，从监管机构和政策制定者的角度提出了应对方法。数字革命重塑了生产、消费和分配方式，为经济社会带来了新的机遇，同时也引发了巨大担忧。数字市场中的法律问题是全球性现象，但不同国家的应对策略不尽相同。本书由两部分组成，第一部分阐述数字市场和数字权利的演变，电子商务和共享经济逐步塑造了数字市场，数字市场需要多样化的数字公共政策，欧盟因此创建数字单一市场，推出诸如《地理封锁条例》《内容可携带条例》等跨境数字政策,并考虑建立数字权利体系的可能性。第二部分阐述了监管科技巨头对市场和社会的影响,当今主要的数字玩家仅限于少数几个大型全球平台,而竞争执法已成为公权力介入数字市场的先驱。同时,数字服务要求使用户基本权利得到保护,亦要求为企业提供公平的竞争环境。由此,欧盟委员会发布《数据治理法案》《数字服务法案》《数字市场法案》等重要政策法规,以期应对数字革命带来的监管挑战。

《数据正义》一书围绕"数据正义理论"展开。"数据化"并非仅是技术,实为一种"政治经济体制",应优先考虑数据化带来的社会正义问题。第一,数据正义要求找到应对资本主义危害的方式;第二,数据化嵌入政府治理,导致社会成员权力弱化,数据正义要求政府机构优先考虑以人为本、团结建设;第三,数据正义概念必须链接全球社会学,绝非仅是"西方"的;第四,数据正义要解决数据化带来剥削、歧视、隐私侵害、监视、操纵、不公正等危害;第五,数据化限制了公民的主体性,数据正义要求确保公民在政治参与方面的积极与自主;第六,鉴于以"知情—同意"为中心的监管框架存在缺陷,应从保障个人权利到承认集体秩序,迈向数据正义政策。总之,数据正义关注不公正以及如何改变这些不公正。

这三本学术著作的选择主要是以"数据垄断、数字市场与数据正义"为主题,以期帮助读者对数据在人工智能产业应用和法律问题中的重要影响形成体系化认知。《"付费墙":被垄断的数据》思考的是数据集中到少数企业后,数据权力对人产生的超强控制力问题;《监管数字市场:欧盟路径》反思的是地缘政治的背景下,如何规制大型全球平台的市场支配能力,以保护用户基本权利、维护数字市场公平竞争秩序;《数据正义》则以人类社会的正义斗争史为镜鉴,对数据化形成的政治经济体制及其普遍性进行分析,尝试将社会正义问题嵌入数据化审查,最终实现人的公平发展。数据化生存和数字化发展,无疑改变了既有的权力格局,对垄断、市场以及正义问题的关注,终究是在思索人的命运与价值。

三

三部学术著作既有显著区别又具有内在联系：数据垄断是一种客观现实，既体现了互联网产业发展中的马太效应，也是自由竞争在互联网领域长期占据主流价值的必然结果，更是社会生活数据化带来的消极影响之一；数据垄断与数字企业的市场支配力量存在紧密联系，欧盟在数字市场领域一直秉持积极干预的规制路径，但在全球数字市场中欧盟企业却难以与中美企业形成有力竞争，如何在竞争执法与激励创新之间寻求平衡，在全球范围内并无统一范式；数据垄断的现实以及由此产生的数字市场规制问题，最终影响个人权利、集体秩序及国际合作，数据相关的不公正亟须正义理论的关注与回应。由此，无论是数据垄断，还是数字市场，甚至数据正义，虽视角有区别、观点有争议、路径有差异，但其核心诉求却殊途同归：在数据化与数字化的生活方式和应用场景下，寻求个人与集体、企业与市场、社会与国家之间的最大公约数。

《"付费墙"：被垄断的数据》是对数据垄断及其带来的控制能力的一次全面审视，并再次警醒人们对数据集中化持有可能带来的负面风险保持关注："数据技术既是分享知识的神奇工具，也是控制信息流的危险工具。"如果说知识产权曾经制造了文化传播的壁垒和技术转移的门槛，数据集中和垄断则全面建构了个人的生活，并控制了信息获取的边界。大型科技公司的数据归集能力和数据持有数量以及数据行为模式，都对个人和中小企业形成了一种难以抗衡的控制力。较之于知识产权领域相对清晰的客体形态、具有明确期限的财产权形式、完整的权利限制制度，数据的法律性质与权益归属虽然在立法上仍未明确，但事实上的持有与垄断格局已然形成，其控制力并不弱于法定的财产权，如何在既有的反垄断法框架下回应这一问题已刻不容缓。

《监管数字市场：欧盟路径》立足于欧盟的数字市场规制模式，全面审视了欧盟在数字技术发展应用的背景下,应对数字生产、数字消费和数字分配的制度实践。长期以来,欧盟在数据领域强调个人权利的优位性,以《通用数据保护条例》为代表的立法文本更是被普遍解读为确立了对个人数据权利的强保护模式。在欧盟有关数字权利保护的执法实践中,虽然包括谷歌在内的互联网巨头遭遇巨额处罚,但一方面个人数据权利的保护仍然存在难题,另一方面欧盟在全球数字市场的竞争力并未获得显著提升。因此,欧盟如何在促进数字产业发展、保护个人数据权利、维持公平竞争的数字市场秩序等多重利益间取得平衡,怎样通过数字公共政策实现政治经济目标,仍然有待进一步观察。

《数据正义》是数据应用及数字经济背景下对社会正义问题的省思。数据的资产属性愈发凸显,政府机构也由此取得了在数据权力方面的信息优势。在数据全球化中,数据鸿沟进一步加剧,数据危害带来的不公正问题将更为普遍,公民的主体性在数据化背景下将进一步被削弱,流于形式的知情—同意规则以及其他以私权为根基的制度结构,在实现社会公正的过程中难以发挥实效。由此,立足于历史演进归纳的正义经验,吸纳在国际实践中逐步整合的正义规则,重新建构数据化审查中的正义理论,改变不公正的社会现实,将是人类在数字社会中面临的共同议题。

四

数据作为新兴生产要素,是数字化、网络化、智能化的基础,在我国数字经济取得飞速发展、数字产业规模不断扩大的背景下,数据基础制度的重要性不言而喻。数据产权、数据流通交易、数据收益分配、数据安全治理等问题已经引起国家层面的高度重视,相关制度的顶层设计已是箭在弦上。在未来的国际竞争中,如何充分发挥我国海量的数据规模和丰富的应用场景优势,兑现数字经济的潜能,实现社会的全面数字化转型，既需要技术能力的持续进步，亦有赖商业模式的不断突破，更需要法律规则的调整完善。编辑和译者们之所以慎之又慎地选择这三本国外专著，也是期望这些立足于不同国家和地区社会现实的观点与素材，能够对我国的数据垄断问题、数字市场规制以及数据正义实践提供借鉴经验和理论样本。

应当承认，人工智能及其相关的法律问题具有本土化特点，不同国家和地区在技术水平、市场结构和法律传统上存在显著差异。但数据持有的集中化和数据垄断的普遍性，以及由此带来的市场支配力量和控制力，都将对数字市场的竞争秩序和社会公平正义的实现产生显著影响。因此，站在中国看世界与通过世界看中国，对人工智能领域上述法律问题深入而持续的学术研究仍不可偏废。

彭诚信

上海交通大学特聘教授

上海交通大学人工智能治理与法律研究中心副主任

凯原法学院数据法律研究中心主任

2023 年 7 月 2 日

前　言

　　数字市场构成了一个多元化的、多层次的生态系统，其核心支柱是大容量的固定和移动电信基础设施。虽然在互联用户和数据通信方面，这些基础设施发挥着基础性的作用，但是这些基础设施可能既不是数字生态系统的大脑，也不是其灵魂。服务、内容、应用程序及其提供者渗透并塑造了数字市场和数字社会，并在"物质—非物质"的各个层面上，形成了由经济和社会互动构成的复杂的、无所不在的、自我滋养的网络。

　　数字市场并非经济的一个领域，事实上并不存在数字领域这样的东西。数字化转型和数字市场横向延伸到整个经济体、所有经济领域以及整个社会，同时，也自然地跨越国家进行全球化，在地理上超越所有政治边界。

　　这样一个系统的架构和功能是极其复杂的、动态的，究其原因，一方面是由于其相互作用和相互依赖的网络的密集和扩展，另一方面是由于其指数级的革命性步伐。因此，接近数字市场的利益相关者，例如消费者、商业用户、研究人员、政策制定者或监管机构，经常面临以孤立方式分析系统特定方面的风险，或根据惯性、路径依赖性作出决策。在前一种情况下，他们可能会忽视系统内的一些重要层面或动态，由此产生意想不到的后果；而在后一种情况中，他们可能基于过时的信息或条件采取无效、低效或有害的选择。

　　确实，我们很难对数字市场的运作及其对经济和社会的影响有一个清晰的理解，而公共机构在管理其动态，并制定有效和公平的数字政策时，同样任务艰巨。本书重点阐述了监管机构和政策制定者在从"旧"（网络）行业向新的数字生态系统过渡过程中所面临和将面临的挑战。我们的目的是在一本简明的书中阐述数字经济的演变、其主要参与者——特别是全球数字平台，以及其中相互作用、相互依存和利害权衡的关系，最终提出为什么需要公共规则，什么样的规则更有效、公平和高效，以及谁应该提出和执行这些规则。

事实上，数字生态系统充斥着经济和法律的相互依赖、纠缠、协调和显而易见的矛盾。仅举本书中讨论的几个例子：（1）数字市场本质上是无边界的，但过去却比"实体"市场有更大的跨境障碍；（2）不受监管的平台创建自己的私有算法规则，试图让所有相关主体受到这些规则的约束；（3）信息和通信流几乎是无限的，但往往会被人为地"封闭"；（4）大型数字公司的目标是成为市场；（5）数字经济有许多不同的面貌，数字市场有许多不同方面；（6）平台非常了解我们的偏好以预测我们的需求，甚至预测我们的订购要求；（7）在偏好匹配方面，消费者满意度的提高可能伴随着消费者剩余的减少；（8）"免费"服务并非完全免费，而是暗中与有经济价值的个人数据交换；（9）搜索成本极低，用户对搜索信息的兴趣也极低；（10）数字信息系统最有价值的服务不是描述事实，而是创造情感。

本书并不试图为数字生态中需要达成的协调提供任何明确的答案或解决方案，我们的目标是为正在热烈进行的更为广泛的学术和政策讨论作出一点贡献，这场辩论一直在漫游和波动，但正在逐步建立一个"数字化指南"（Digital Compass），[①]追踪"数字十年之路"，更广泛地说，在欧洲和世界其他地区未来数字世界的目标和治理。[②]

这本书由导论和另两部分组成。导论涉及数字化转型、科技巨头和公共政策；它为下文分析提供了一般的概念和主题框架，但也可以作为

---

① EU Commission (2021) Digital Compass 2030—The European way for the Digital Decade.
② EU Commission (2021) Proposal for a Decision establishing the 2030 Policy Programme "Path to the Digital Decade".

独立的论文阅读。后面的章节对导论中提出的具体论点进行了拓展，分为两部分：第一部分，数字市场和数字权利的演变；第二部分，监管科技巨头对市场和社会的影响。此外，整本书还将在行文中插入一些"专栏"，以更好地阐明和分析某些具体问题。

正如数字生态系统以电信基础设施和服务为基础一样，本书建立在我们最近的一本书《电信市场的治理》（The Governance of the Telecom Markets）的基础上。从电信的角度来看，数字平台提供服务处于传统电信价值链之上（over the top）。同样，本书应该在前一本书"之上"（on the top）阅读，并放在书架上前一本的"顶部"。在图书、电信、媒体和数字市场与数字服务中的许多方面都是严格相互关联的——要么是互补的，要么是替代的。因此应共同分析它们，并共同制定和实施它们的法规和政策。

本书的副标题有双重含义。本书概述了欧洲对数字市场监管的做法，即我们主要检视欧盟法律，同时也考虑美国的规则和政策。尽管如此，考虑到数字市场及其参与者的范围和性质，所涉及的大多数经济和体制问题本质上都是全球性现象，所有国家、经济体和社会都是如此。此外，欧洲的做法也反映出，就数字市场而言，欧洲政策制定者仍在尝试系统性的政策设计，但这一政策设计尚未完全实现。尽管欧盟制定了十多年的数字政策，但直到最近才出现了一个全面而清晰的设计：《数字服务法案》（Digital Service Act）和《数字市场法案》（Digital Market Act）的最终批准将为后续政策制定奠定基础（本书将对委员会的建议进行描述和分析）。

x

数字革命确实重塑了传统的生产、消费和分配方式。它已经在所有国家、所有行业中形成了经济、社会和政治互动，并逐步涵盖生活的各个方面。这是一个划时代的转变，令人着迷和激动，是无数新机会的来源，但同时也是巨大担忧的来源。

这是我们写作本书的综合动机。作为学者，我们强烈地感到有必要花时间来研究和调查这些诱人的重大现象；作为父亲，我们努力为孩子们留下一个经得起未来考验的世界——能够利用数字化转型带来的增长机会，同时努力控制和最小化其风险；最后，作为公务人员，我们必须每天为制定和实施健全的公共政策作出贡献。事实上，我们确实认为，在数字市场中，公共干预也很重要：公权力机构有责任在私人利益、公共利益和社会福利之间找到公平有效的平衡点。

罗马，意大利

安东尼奥·曼加内利（Antonio Manganelli）

安东尼奥·尼基塔（Antonio Nicita）

第一章　导论：数字化转型、
科技巨头与公共政策

摘要：数字化转型已经深刻影响经济、社会和政治生态，并逐步开创了数字市场社会（**Digital Market Society**）。当今的主角仅限于为数不多的几个全球性平台（所谓的"科技巨头"），它们占据这个复杂多面的数字生态的中心，横跨所有产业、市场与社会。科技巨头们拥有前所未有的经济、信息影响力，而公权力机构却难以深刻理解如何有效地规制它们的行为以及它们对市场动态和信息多元的影响。近来，大西洋两岸的执法机构都已经或者计划针对科技巨头采取行动，以规范它们对经济社会的影响。

关键词：数字化转型　科技巨头　市场力量　多元化　公共政策

第一节　数字市场社会的演进

数字化转型是指因数字技术应用于人类社会的方方面面而产生的围绕科技、文化、组织、社会、创新和管理的一系列变化。* 通过对

---

* Erik Stolterman e Anna Croon Fors, Information Technology and the Good Life, in Information Systems Research：Relevant Theory and Informed Practice, 2004, p.689, ISBN 1-4020-8094-8.

这些因素施加系统性、综合性的影响,数字化转型远非仅指新技术的应用,而是一方面提供服务、产品与体验,另一方面发现、处理、提供巨量的内容,开创了人、地、物之间的新联结。*①

　　经济与社会的数字化转型建立在快速且通常是破坏性的创新基础上,这些创新涉及越来越多的个人、企业与事物,起着全球性而非国别性的影响。数字化转型的确覆盖所有部门和所有国家,它的全球影响力已被《联合国可持续发展目标》(United Nations Sustainable Development Goals)所确认。该文件将接触信息和通信技术、为全球提供廉价的网络服务作为构建未来可持续发展世界的关键。②

　　"伟大的数字化转型"重新定义卡尔·波兰尼(Karl Polanyi)对于英国工业革命的概念,并将之带入 21 世纪,③塑造了一个全新的"市场社会"。在这个数字化的社会中,新的消费规范、生产方式、制度、商业模式与个体互动不断涌现。在"数字市场社会"中,先前生活的各个层面,包括社会、经济与政治,都发生了戏剧性的变化。很多思想家认为我们今天正处于一个新的协同演变进程的开端,而该演变将催生划时代的革命。

3　　跟所有征程一样,数字化转型起始于一小步,然后不断前行,从最初的通信网络构建到后来的网络诞生,再到当下的万维网革命。

---

　　*　Mark P. McDonald, Andy Rowsell-Jones—The Digital Edge, Exploiting Information and Technology for Business Advantage-Gartner, Inc., 2012.
　　①　这个定义于 2020 年 1 月 23 日摘自维基百科(Wikipedia)的"数字化转型"页面(意大利语):https://it.wikipedia.org/wiki/Digital_transformation(根据我们的观点,英文页面的定义无法令人满意)。页面的内容通过谷歌(Google)翻译成英文,并且我们在亚马逊(Amazon)购买参考书后对其进行了"人工"校对(一本印刷书与一本电子书)。2020 年 5 月 1 日,同一引文中的一句话被发布在安东尼奥·曼加内利(Antonio Manganelli)的脸书(Facebook)页面与安东尼奥·尼基塔(Antonio Nicita)的推特(Twitter)账号。该过程的古怪描述自身就构成数字化转型定义的一部分。
　　②　UN Resolution (2015).
　　③　Polany (1944).

专栏 1.1 因特网与万维网

因特网与万维网通常被用作可以互换的同义语，而它们却是两个密切相关但不同的概念。因特网是指一个相互连接的网络。网络以及联网设备通过互联网协议（TCP/IP）进行交流，以便在万维网上传输电邮、语音等信息和服务。概言之，因特网是一个网络，而万维网则是该网络承载的一种服务。

英国科学家蒂姆·伯纳斯-李（Tim Berners-Lee）发明的万维网是运行于因特网上的信息系统服务。通过万维网，信息资源由统一资源定位符（URL 或者网络地址）标注，如此一来，软件应用程序的使用者就能访问这些信息。例如，网页浏览器通过超文本传输协议（HTTP）与网页服务器进行数据交换，后者则负责处理信息指令。

随着通信网络的部署，市场内部的竞争动态（为自由主义和竞争导向的规制所激发）与公共产业政策激发并推动着创新投入。2020 年，60% 的欧盟家庭安装了超高速网络（VHCNs），33% 的家庭则接入了超高速宽带（UtraFast BB）（参见图 1.1）。

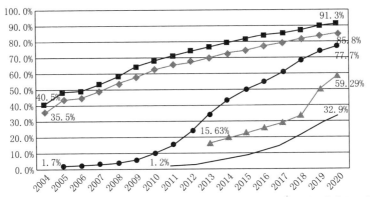

图 1.1 欧盟的固定和移动互联网发展
（来源：European Commission Digital Scoreboard 2020）

3

欧盟一直在制定推动超高速网络投资的公共产业政策。从 2010 年的《欧洲数字化议程》(Digital Agenda for Europe)④中有挑战性但可实现的目标到 2016 年《吉比特社会》(Gigabit Society)⑤中极有野心的目标，欧盟不断设定颇具雄心的互联与带宽目标。概言之，《欧洲数字化议程》要求成员国与相关企业在 2020 年前完成如下目标，即所有欧盟家庭都接入至少 30 Mbps 的网络，其中 50% 以上需接入 100 Mbps 的网络。《吉比特社会》则要求于 2025 年实现这样一个总体目标，即所有的主要社会经济主体（如教育机构、政府服务、交通枢纽、数字密集型企业）皆需接入吉比特网络（1 Gbps 等于 1 000 Mbps），而所有的欧洲家庭则接入至少 100 Mbps 且可以扩展至 1 Gbps 的网络，即使这些家庭处于农村或者偏远地区。2021 年出台的《数字化指南》⑥则要求在 2030 年完成将所有家庭网络拓宽至 1 Gbps 的目标。

数字化转型受到电信网络和服务更迭的驱动：首先是所有信息和信号的逐步数字化；其次是基于因特网协议的新传播技术的发展；最后是网络传输能力的提升使得信息和数据的传输量越来越大。这些技术进步使得同一传输平台可传输文字信息、语音流量、内容编辑和视频，并且只要一部设备即可接收所有数据。

如此一来，网络接入数量一直在不断增长，增加了互联用户的数量与他们使用网络的频次。此外，移动网络的发展使得用户"随时随地"保持在线的能力和意愿呈指数级增长。⑦

在 20 世纪 90 年代，网络主要由静态网页构成，几乎不允许或仅允许用户间的少量互动，如通过标准化的超文本浏览各个网页与使用网页搜索引擎。21 世纪进入了所谓的 web2.0 时代，网络连接的质量（稳定性与安全性）得到提升，网络开始增添参与性特征，便利用户进行互动与合作。用户开始积极地创造内容而不是仅仅被动地消费内容，最终催生

---

④　European Commission（2010）.
⑤　European Commission（2016b）.
⑥　EU Commission（2021）Digital Compass 2030—The European way for the Digital Decade.
⑦　Manganelli and Nicita（2020）.

了以虚拟社区为分子的数字市场社会。

推动 web2.0 不断进化的数字化转型还改变了商业模式、拓宽了网络上的经济交易（参见第二章）。从仍然需要很多线下操作的网店交易开始，网络经济已经形成了数字资本主义的数个不同形态。[⑧]典型的如共享合作经济、模拟线下交易的电商与市场，这些经济活动通常由数字化的多边平台（multi-sided platform）进行，它们扮演不同消费者和经营者之间的"媒人"。[⑨]此外，在数字市场社会中，特别是随着移动网络使用的增加，所有的互动、交易、消费和生产都成为无尽的数据资源，而这些数据是当代经济的核心资产与生产要素。

社会经济的数字化转型最新体现为物联网的诞生。这是一个万物互联的网络，物与物之间仅需要有限的人类介入便可实现信息的传输和交换。这些创新已经改变了消费者市场，并且为第四次工业革命（"工业4.0"）奠基。第一次工业革命用水力及蒸汽动力实现机械化生产。第二次工业革命用电力实现大规模生产。始于 20 世纪下半叶的第三次工业革命则用电子信息技术实现了自动化生产。如今，第四次工业革命在第三次工业革命的基础上更进一步。数字化转型带来的革命性进步主要体现在如下几个方面：（1）速率性，发展呈指数级而非线性；（2）互联性，基于高容量的固定和移动网络以及物联网；（3）虚拟性，由创新的网络应用程序、人工智能、云计算和大数据支撑。[⑩]

在这个背景下，建立欧洲数字单一市场（Digital Single Market）成为促进欧盟数字经济社会的长远优先事项。尽管如此，成员国内相关规则的碎片化，以及消费者对网络交易尤其是跨国交易缺乏信任，导致数字单一市场的建立存在障碍。欧盟的政策制定者须采取措施逐步解决这些问题（参见第三章）。

数字市场社会如今是一个网络化、多层次的生态，它的基础由高容

6

---

⑧ Schiller（2000）.
⑨ Evans and Schmalensee（2016）.
⑩ Schwab（2016）.

量的固定和移动通信物理设施组成，但这些物理设施还算不上数字市场社会的大脑和灵魂。服务、内容、应用程序以及它们的提供者给数字社会装备了复杂的、无处不在的且自我滋养的网络，该网络涵盖各个层面经济社会运作的互动。

该生态非常复杂，布满不同领域的参与者：

● 不同行业的经营者与公共服务提供者，如信息通信技术的生产者、网络运营者、通信服务提供者、大量数字平台、内容创制者、广告商、应用程序开发者、"垂直公司"（如汽车、能源、食品、农业、健康、制造、运输与物流等受到数字化转型横向影响的产业）；

● 各种数字与信息通信技术产品的中间或终端消费者，如私营企业、公共机构、"数字冠军"、⑪数字专家和普通消费者。

在数字生态系统内，数字平台扮演重要的角色。从通信产业的角度，数字平台被称为"过顶传球者"（Over-The-Top providers），它们通过公共网络和电信设施向用户提供服务，但它们的经营活动处于传统通信市场价值链之外。事实上，由于数字化转型的推进，工业经济的线型价值链已被非线性的（模块化）平台生态系统取代。数字市场社会拥有大量的"过顶传球者"，它们活动涉及的范围很广，如在线广告、市场服务、网络搜索引擎、社交媒体、内容的聚合与传输、视频分享、通信服务、产品比价、发布应用程序、支付服务以及合作活动等。⑫

"新经济"带来了大量创新与经济价值。尽管如此，平台与数据经济也引发了有关基本权利保护的担忧。的确，数字经济带来的静态与动态市场价值与隐私、消费者权益、接触权甚至表达自由和多元化之间存在冲突，需要予以平衡。

虽然已经意识到上述关键问题，为数字市场制定公共政策并非一个

---

⑪ 构建欧盟"数字冠军"团队是数字单一市场战略的政策之一，即每个成员国任命一个数字冠军支持包容性数字社会的建设，并给欧盟委员会提供建议。https://ec.europa.eu/digital-single-market/en/digital-champions.

⑫ Van DijcK, Poell and De Waal（2018）；EU Commission（2016a）；BEREC（2016）.

简单的过程，至今仍困扰着公权力机关。这主要是因为创新的持续快速发展，使得公权力机关在理解新技术以及它们对市场和社会的影响方面总是滞后。此外，公权力机关在规制数字市场时有意采取谨慎态度，以最小化不当干预对创新造成阻碍的风险。诸如"等等再看""一切照旧""监督下的自治"[13]等规制方案并非有效的政策和规制工具，也没有建立起对由数字平台掌握的新数字市场与新社交互动的有效监管。

在当前的框架下，"平台制定了用户在互动时必须遵守的规则，这使得平台成为'私人规则制定者'或者'私人监管机构'，协调着大量用户间的交易。这些私人规则影响着经济交易的效率与平台活动参与者的利益"。[14]因此，平台在某种程度上创制了私人法律秩序，而规则的制定与执行则取决于它们的经济和议价能力。这些私人秩序并不受或者较少受到公共规则的有效管控，因为公权力机关对数字世界的规制能力有限；[15]同时这些规则的实施也不需要依赖传统的公共执法机制。私人规制也引发个人用户被网络社区驱逐的担忧，因为平台有能力将个体排除在它们构建的网络社区之外。在网络空间，虚拟的压迫亦会对个体产生实质性的影响（参见第四章第一节）。

因此，公共规制的介入对于数字市场社会的公平有效运作起着至关重要的作用，应当让公权力机构在制定保护基本数字权利的规则方面回归主导地位。这些基本权利包括电商与在线服务领域的消费者保护、网页和内容访问方面的非歧视、网络隐私和数据保护（参见第四章）、计算机网络安全以及制止网络上的非法有害信息（参见第七章）。

一些部门的监管者和政策制定者近来已开展对话，试图对网络生态实施联合监管[16]或者推动"平台法"的制定。尽管如此，很多监管机构

---

⑬ 如 2018 年脸书、谷歌、Mozilla、微软（Microsoft）、推特共同签署加入《欧盟网络虚假信息自治行为准则》（European Code of Practice of self-regulation on online disinformation）。

⑭ Crawford, Crémer, Dinielli, Fletcher, Heidhues, Schnitzer, Scott Morton, and Seim (2021).

⑮ 规制能力指的是公权力机构具备的形式上和实质上的能力，通过施加有效义务在市场和社会上产生有效率的、符合社会预期的结果。一些应用参见 BEREC (2013) Report on the NRAs' regulatory capacity；OECD (2009) about Better Regulation in Europe。

⑯ 联合监管以形式平等为特征，指在监管程序进行的每一个阶段，规则的接收方皆会参与其中，接收方的同意构成规则本身的重要部分。

抱怨缺乏对平台以及它们的运营算法、数据收集、聚合效应、使用流程等进行检查和审计的能力，这导致监管机构无法评估全球性平台通过私人规则产生的影响。

针对数据保护（GDPR）和消费者保护，欧盟已经制定了一个清晰的、综合的、先进的监管政策。尽管如此，即使有竞争法作为补充，该针对个人权利保护的事先规制路径的有效性仍遭到广泛质疑。

第二节 科技巨头的诞生：
数字权力的崛起与反垄断应对

数字平台在当今的经济中扮演重要角色，它们广泛介入各种不同的活动，并带来巨大的增长潜力和福利提升。一些平台已经发展成巨型企业，这体现在它们的用户数量、收入、市值以及前所未见的市场和经济影响力。这些平台在全球市场博弈，汇聚了数量巨大且还在不断增长的用户，跟数以万计的企业（从传统的通信与媒体巨头到小而精的企业）发生关系。

声名在外的数字平台归属于几个全球性（不仅仅是跨国）的大公司，如亚马逊（Amazon）、脸书（Facebook）、奈飞（Netflix）、谷歌（Google）、苹果（Apple）、微软（Microsoft）。这些公司被合称为 GAFA、GAFAM、FAANG、MAMAA 集团，[17]或者被概括地称为"科技巨头"。[18]

它们中除了奈飞都位列 2019 年全球市值前十的公司，还有两家中国的平台公司阿里巴巴（Alibaba）和腾讯（Tencent）也位列前十（参见

---

[17] GAFA 指谷歌、苹果、脸书和亚马逊；GAFAM 则把微软加入该集团；而 FAANG 则调整排序并以奈飞（Netflix）替代微软。近来出现一个新的、听起来像妈妈的简称组合 MAMAA，它包括 Meta（脸书的母公司）、亚马逊、微软和 Alphabet（谷歌的母公司）。
[18] 无论是从人们的集体感知，还是从美国纳斯达克的市值排名，科技巨头已经在某种程度上取代了"石油巨头"这些体量巨大的跨国公司［埃克森美孚（Exxon Mobil）、英国石油公司（BP）、俄罗斯天然气工业股份公司（Gazprom）、中石油、荷兰皇家壳牌（Royal Dutch Shell）］。

图 1.2)。全球市值排行榜的变化清晰展示了数字化革命的进程，也表明 21 世纪是数字资本主义的世纪。1989 年，市值前十的企业中没有一家

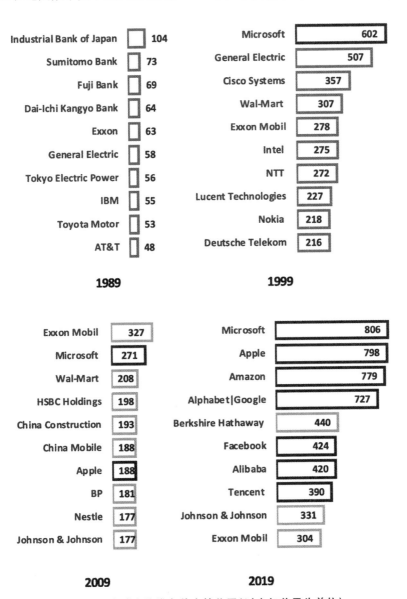

图 1.2 全球市值排名前十的公司(以十亿美元为单位)

9

数字平台公司，仅有 IBM 和 AT&T 两家信息通信技术公司勉强进入前十。[19]1999 年，虽然已经有很多信息通信技术公司进入前十 [如思科（Cisco）、英特尔（Intel）、日本电报电话公司（NTT Docomo）、朗讯科技（Lucent）、诺基亚（Nokia）和德国电信（Deutsche Telekom）]，但微软是唯一一个市值前十的数字公司。2009 年，苹果和微软一起进入全球市值前十，而入榜的信息通信技术公司仅剩一家 [中国移动（China Mobile）]。到了 2019 年，市值前八的企业中有 7 家是数字平台公司，即美国的 GAFAM 或者 MAMAA 集团加上两家中国平台公司。

11 　　平台公司的市值表明了它们在市场上的成功，主要体现为用户数量和营业收入。毫无疑问，科技巨头因它们创新的服务以及满足消费者需求的能力而得到消费者的青睐，并从消费者处获得巨额回报。与此同时，科技巨头还获得了影响市场、竞争动向、消费者福利的巨大能量。随着时间的推进，针对科技巨头对市场竞争的影响出现两种截然不同的经济政策观点。即：

● 平台属于准自然垄断。它们的经济规模和涉及领域、直接与间接的网络效应、使之收益的重要资产（数据），意味着需要对它们采取与其他网络企业类似的规制或竞争政策。

● 平台市场存在充分的竞争。[20]数字世界中的市场支配力是暂时的，因为现有的企业面临被更加创新的新企业"熊彼特"替代 [如脸书替代 Myspace、谷歌替代雅虎（Yahoo）、微软浏览器（Microsoft Explorer）替代网景（Netscape）]。

　　上述两种"极端"观点都存在某种程度上的路径依赖，两者都是基于经济分析中的增量和边际扩展以及规制传统网络产业的政策路径。本书的第五章将对这两种观点进行分析，讲述为什么数字平台经济会走向

---

[19]　https：//www.funalysis.net/economy-times-are-changing-world-top-20-companies-by-market-capitalization-in-1989-and-2019；https：//www.cnbc.com/2014/04/29/what-a-difference-25-years-makes.html.

[20]　充分竞争的市场指根据竞争的自然进程分配垄断权利，抑或指新支配标准或商业模式的定义易于形成这样一种的垄断市场架构，即创新进程一直会给市场注入替代性技术。See Geroski（2003）.

市场集中、科技巨头市场力量的来源、该市场力量与传统网络产业市场力量的不同以及什么才是处理经济和竞争问题的平衡政策。

有关数字市场规制的争论正在升级，因为这已经变得日益明显，即需权衡弱管制路径对创新的保护与无管制市场带来的风险。在无管制的市场中，数字平台可能导致过度的、永久的市场力量集中，从而损害消费者权益。即使是最自由主义的观点也逐步放弃了这种浪漫的想法，即认为网络是保护个体自由的场所，因而不应当受到公权力的规制。因为这种想法脱离网络发展的实际状况：网络已从一个原子化的去中心系统转变为一个掌握在数个全球性平台手中的极端中心化的存在。

当市场竞争被扭曲时，反垄断执法一如既往地扮演着公权力介入的先锋，这主要是因为反垄断执法的弹性及其适应新市场环境的能力。在过去的数年中，在欧盟层面针对科技巨头的反垄断执法案件主要涉及滥用支配地位［《欧盟运行条约》（TFEU）第 102 条］。其中有三个案件与谷歌有关，分别涉及谷歌的购物搜索服务（Search Shopping，2017）、安卓平台（Android，2018）与广告服务（Ad Sense，2019）；一个案件针对亚马逊的电子书服务（2017）。此外，还有几个针对谷歌、亚马逊、苹果和脸书的案件正在调查当中。也有一小部分反垄断执法案件涉及兼并，如脸书兼并 WhatsApp（2014）、微软兼并领英（LinkedIn）（2016）（参见专栏 1.2）。

专栏 1.2　欧盟针对科技巨头的主要反垄断执法案件

在过去的数年间，欧盟委员会调查了数起谷歌实施的反竞争活动，一共要求谷歌支付超过 80 亿欧元的罚款。在谷歌购物搜索服务案（2017）中，谷歌滥用其在通用搜索服务市场和比较购物服务市场的支配地位，给予其自己的比较购物服务以不当的优势。根据欧盟委员会的调查，谷歌在搜索引擎市场占据支配地位，并且系统性地抬高其自己的比较购物服务优势，如将该服务置于搜索结果的第一位（在统计上位列第一的搜索结果是点击量最多的）。此外欧盟委员会还认为，谷歌通过算法设置使得竞争对手的比较购物服务在搜索结果中的排位置后。在谷歌安卓平台案（2018）中，谷歌因滥用其在通用搜索服务市场、智能手机操作系统许可市场、安卓手机操作系统应用市场中的支配地位而受罚。根据欧盟委员会的说法，谷歌以应用市场（下载安装谷歌应用程序的平台）授权为条件强迫手机生产商预装谷歌搜索引擎和 Chrome 浏览器，因而实施了反竞争的搭售行为。此外，谷歌以生产商只预装谷歌搜索为条件向生产商支付回扣，以促使生产商预装谷歌应用程序而不用竞争对手的应用程序。谷歌广告服务案（2019）针对的是滥用在线搜索广告中介市场的支配地位。谷歌运营的"广告感知搜索"（AdSense for Search）是建立在搜索引擎上的广告经纪平台，促成广告商与网站之间的合作。首先，网站受制于谷歌制定的排他条款，该条款阻止谷歌的竞争对手在谷歌搜索结果的网页上插入竞争性的搜索广告。其次，网页还受制于广告位优待条款，该条款旨在确保谷歌自己的广告中至少有一定数量显示在搜索结果页面上最显眼的地方。这使得谷歌相对于其竞争对手享有非法的竞争优势。最后，谷歌还控制竞争对手的广告如何展示。2021 年 6 月，欧盟委员会又针对谷歌在所谓的广告技术供应链中优待其自己的在线展示广告技术服务发起一项新的调查。谷歌要求在 YouTube 购买和提供在线广告展示的交易方使用它的服务，并限制第三方（广告商、网页或竞争对手）获取用户的身份和行为数据，而将这些数据留给自己使用。

亚马逊电子书案（Amazon E-books MFN case，2017）事关电子书市场（亚马逊占据电子书市场 70% 的份额）。根据亚马逊与电子书出版商签订的发行合同，电子书的零售价需遵循最惠国（MFN）条款。㉑最惠国条款要求出版商给予亚马逊的待遇不得低于其给予亚马逊竞争对手的待遇，且出版商有义务告知亚马逊其给予亚马逊竞争对手的

㉑ 所谓最惠国条款，是指若出版商在竞争对手的平台上以更低的价格销售某电子书，则该出版商也须在亚马逊平台上以同样的低价销售该电子书。这实质上是要求出版商不得在竞争对手的网站上以更低的价格销售电子书。

更优惠待遇或替代性待遇。欧盟委员会于 2017 年 5 月结束了该案的调查，条件是亚马逊承诺不再主张最惠国条款以及任何要求告知亚马逊其竞争对手享有何种待遇的条款。值得注意的是，欧盟委员会还于 2019 年启动了另一项针对亚马逊的调查，旨在评估亚马逊使用来自在其市场上交易的独立零售商的数据是否违反欧盟的竞争规范。该项调查关注的是亚马逊为独立零售商提供的第三方销售平台（Amazon Marketplace）与亚马逊自营销售活动之间的"数据交互"：如数据在选取"Buy Box"㉒胜出者中扮演的角色、亚马逊利用竞争敏感性的零售商信息对选取胜出者带来的潜在影响。此外，亚马逊自身作为销售者利用其积累的零售商数据是否会妨碍竞争也是调查范围之一，因为这些数据可为亚马逊给予其自己的产品相较独立零售商的产品更优厚的待遇提供基础条件。

　　欧盟委员会还针对微软进行过两次里程碑式的反垄断执法。在微软案一（Microsoft Ⅰ，2004）中，欧盟委员会认为该科技公司滥用其市场支配地位，因为它将自己开发的媒体播放软件与其视窗操作系统捆绑，并且拒绝与竞争对手分享兼容信息，使得竞争对手无法开发微软媒体播放软件的替代产品。此外，基于该反竞争性的产品搭售，微软成功延伸其市场力量，同时也抑制媒体播放软件市场上的竞争。这导致微软的竞争对手（如软件开发者、内容提供者和媒体公司）缺乏开发媒体播放软件的动力，从而被人为地逐出该市场。微软针对欧盟委员会要求其提供无媒体播放器版本的操作系统的裁决提出上诉。欧盟法院支持委员会的裁决，判定微软的行为构成滥用支配地位，原因如下：（1）微软搭售产品（视窗操作系统）的市场具有支配地位；（2）涉案行为阻碍竞争；（3）当搭售行为发生时，搭售产品与被搭售产品属于不同的相关市场；（4）消费者没有选择仅获得搭售产品而不

14

15

　　㉒　"Buy Box"展示在亚马逊网站上的显著位置，消费者可通过"Buy Box"将来自某个零售商的商品直接加入其购物车。在"Buy Box"遴选中胜出对于独立零售商至关重要，因为亚马逊上的绝大部分（90%）交易都通过"Buy Box"完成。

要被搭售产品的机会。在微软案二（Microsoft Ⅱ，2010）中，欧盟委员会认为，将 IE 浏览器与占据市场支配地位的视窗操作系统捆绑的做法构成滥用市场力量。欧盟委员会进一步认为，通过人为制造的发行渠道优势来限制竞争，微软成功使其浏览器装载于全球 90% 的个人计算机。最终，委员会接受了微软的整改方案，即根据欧盟《反垄断法》（Regulation 1/2003）第 9（1）条，允许消费者和设备生产者装载竞争对手开发的浏览器。2013 年，微软因为没有遵循该整改方案而被罚款 5.61 亿欧元。2020 年 6 月，欧盟委员会启动了两项评估苹果是否违反欧盟竞争法的调查。其中一项调查针对的是在苹果应用商店上发布应用程序的开发者须遵循的规则，尤其是强制使用苹果内置的支付系统，且限制应用程序开发者告知 iPhone 和 iPad 用户替代性的支付渠道（"禁止转介条款"）。2021 年 4 月，欧盟委员会向苹果发函称，初步认定苹果违反《欧盟运行条约》第 102 条。2020 年启动的另一个案件针对的是苹果支付系统，这是一个苹果自主运营的移动支付解决方案，iPhone 和 iPad 用户可使用它在商户的应用程序、网站甚至实体店完成支付。欧盟委员会认为苹果涉嫌违反《欧盟运行条约》的第 101 条和第 102 条，其一是由于苹果针对商户在其应用程序和网站上使用苹果支付设定的条款，其二是因为苹果针对使用其内置于 iOS 移动设备中 NFC "点击即支付"（tap and go）功能施加了限制。

2021 年 6 月，欧盟委员会启动了一项针对脸书的反垄断调查，因为脸书涉嫌将其在社交服务和在线广告领域的市场力量扩展至相关市场，如在线分类广告（"脸书商城"）。根据欧盟委员会，脸书可能利用从广告商处获得的数据优化它的社交网络广告服务，从而使脸书商城获得竞争优势。此外，将脸书商城嵌入其社交网络的做法也受到调查，因为这可能构成反竞争的搭售。对于脸书兼并 WhatsApp，欧盟已于 2014 年展开调查以评估该兼并对如下三个市场的影响：（1）社交服务；（2）消费者通信服务；（3）在线广告服务。欧盟对社交服务的

16

评估关注相关市场的界定，即社交网络构成一个独立于消费者通信应用程序的市场，还是两者同属一个市场，而兼并双方本该在该市场展开竞争。调查表明，两个市场的界限随着技术进步而不断改变，用户使用状况正促使两种服务相互融合。最后欧盟委员会认为脸书和WhatsApp 属于远距离竞争对手。至于消费者通信服务，欧盟委员会认为，脸书的 Messenger 和 WhatsApp 不属于近距离的竞争者，在两者兼并后依然有很多替代性的消费者通信应用程序供消费者选择。最有趣的是委员会对在线广告下的结论，委员会认为，尽管脸书会在WhatsApp 上推出广告或者为广告目的从 WhatsApp 处搜集用户数据，兼并交易也不会导致竞争问题。这是因为在兼并交易后，除了脸书外还有很多其他广告商会继续提供目标广告，且对广告有价值的大量网络用户数据也非由脸书排他控制。概言之，脸书兼并 WhatsApp 案通过了反垄断审查。尽管如此，2017 年脸书还是因收购 WhatsApp 时向委员会提供了虚假信息而被罚款 1.1 亿欧元。2014 年，脸书告知委员会，它无法在脸书账号和 WhatsApp 账号间进行可靠的自动匹配。尽管如此，WhatsApp 于 2016 年 8 月宣布更新其服务条款，其中就包括将 WhatsApp 用户的电话号码与脸书用户的账号相关联。

　　在 2016 年的微软兼并领英案中，欧盟委员会界定了专业社交网络服务的相关市场、顾客关系管理软件方案的相关市场、在线广告服务的相关市场（这是唯一一个微软和领英都涉足的相关产品市场）。欧盟委员会批准微软兼并领英，但微软须履行承诺以排除集中效应与可能的反竞争担忧。根据微软对欧盟委员会的承诺，计算机的生产销售者可自由选择是否在微软操作系统 Windows 上装领英，且可删除预置的领英。此外，微软须确保 Office 及其所有接入程序与界面对其他专业社交媒体的兼容性。最后，竞争性专业社交平台的提供者需能够访问微软图表（Microsoft Graph）。微软图表是一个工具，它能使软件开发者在获得用户同意的情况下利用微软云上收集的个人数据开发应

17

用程序。在本案中，欧盟委员会还首次评估了大规模用户数据聚合对网络广告的影响，并认为将其用于广告目标并不会产生反竞争担忧。首先，数据保护规则将限制微软和领英处理用户大数据的能力；其次，微软和领英都没有许可第三方为广告目的使用它们的数据库；最后，两者与谷歌和脸书相比只是在线广告市场的小玩家，一共仅占有5%—10%的市场。

另外一个重要的兼并案裁决涉及微软对 Skype 的收购，该收购于2011 年 10 月被批准。欧盟委员会评估了该兼并对两个相关市场的影响：企业通信市场与消费者通信市场。在对市场的横向影响方面，欧盟委员会认为不会引发实质性的反竞争关切，尤其考虑到在使用微软操作系统的计算机上运行电话和即时通信服务的市场状况。至于兼并的潜在集中效应，欧盟委员会也认为不会对企业通信市场产生任何严重的竞争风险，因为兼并后形成的新主体并无充分的动机利用微软的市场力量扭曲竞争使自己获利。欧盟委员会发现，即使新主体从事捆绑销售的行为或者限制系统的兼容性以伤害竞争对手，也不太可能造成实际的反竞争效果。新主体拥有的 85% 的市场份额在高度动态的视频通信市场并不重要，这个市场上的大多数服务均为免费。有趣的是该意见与欧盟委员会在微软案一中的裁决相反，在微软案一中，微软被认定通过强化其市场力量来限制竞争。基于同样的理由，网络效应也不被认为对进入市场构成实质障碍，因为竞争者可轻易地建立替代性的产品，使得消费者能够非常容易地转换提供商。微软的两个竞争对手——思科与 Message Net 曾就欧盟委员会的裁决提出上诉，但该上诉于 2014 年被欧盟法院驳回。

脸书兼并 Instagram（2012）并没有引发欧盟执法机构的关切，因为该交易没有落入欧盟的兼并管控对营业额的限制。美国联邦贸易委员会对该兼并作出评估，并于 2012 年 8 月由非公开程序批准了该兼并。

尽管如此，人们还是认为相较于数字市场的动态发展而言，反垄断执法还是太慢了，通常仅在案情明确的案件中有效，即占据支配地位的平台利用其市场力量控制上下游市场（如谷歌系列案）。此外，反垄断介入还被认为没有解决数字市场的真正问题，这些问题远超市场力量的范畴。再者，在反垄断案件中，考虑到中介平台聚合更多市场的天然属性[23]以及数字经济交易的特殊样态，[24]相关市场的界定一直是很麻烦的问题。

在数字生态中，"经济交易"[25]同时多边化与中心化。这主要有两个原因，其一是科技巨头运营着全球性、聚合型的中介平台；其二是分散的信息被收集、处理、聚合、利用，并作为一个经济产品而被拥有。这些因素推动供给与需求的变化，也意味着一个交易不仅涉及单一的相关市场而是多个市场。因此，为单一市场中的单一交易量身定制的反垄断概念，诸如"支配地位""市场力量""滥用支配地位""有利于竞争的监管"等在当下遭遇了实质性的挑战。

此外，在很多有关数字市场的竞争法案件中，很难确认消费者损害。反垄断介入在这方面面临很大的瓶颈，因为数字平台的主要经济特征，如网络效应、免费模式、降低搜索和交易成本，给消费者带来直接有形的好处。

经济效率的标准概念通常根据特定相关市场中的（消费者）福利来衡量，在考虑创新的潜在收益时也是如此。这也意味着，通常情况下动态效率和创新也会参考特定的相关市场来评估，在当前与未来经济主体（生产者、销售者与消费者）之间进行权衡，即代际效率和公平考量。

特定相关市场中的经济效率，包括特定制度或组织安排的效率、私人规制[26]的效率，将通过考量与可信的、反事实场景相关的"次优"结果来衡量。"帕累托"关于经济效率的概念认为，如果没有其他均衡

19

20

---

[23] Bourreau and De Streel（2019）；Hovenkamp（2021）.

[24] Cabral, Haucap, Parker, Petropoulos, Valletti, and Van Alstyne（2021）.

[25] 首先由 Commons 提出（1924, 1930），然后由 Williamson 重新阐述（1985, 2000）。

[26] Williamson（1985）.

能够让经济主体在改善自身的同时不损害他人，则当前的市场均衡是有效率的。在每个相关市场上，该维度的效率通常取决于两个方面，其一是生产—销售的最低边际成本，其二是最低的消费支付意愿。这意味着有效的市场均衡会产生"有效率的排他"：分别是边际成本更高的低效率的生产者—销售者和想支付低于边际成本价格的"低效率"消费者。

当经济交易跟数字交易一样呈多边样态时，它们将同时影响数个市场或市场的几个方面，[27]从而影响评估经济效率的方式。事实上，正外部性由跨市场产生，交易因平台的中介作用成为可能（参见第二章第三节）。

主要问题是在由平台作为中介的多边交易中，相较于在单一相关市场中非常难以界定经济效率（以及什么是"有效率的排他"）。例如，在某些市场上边际成本为零（如信息的生产）或者甚至最终用户支付的对价为零（如在很多数字交易中，网络内容和服务免费提供给消费者）。

只要数字平台保持对现在和未来交易的控制，以及降低消费者转向新市场参与者（当这样做对它们有利时）的动机（在某些情况下甚至是能力），则数字平台既是经济效率的源泉（使得原本被抑制的交易成为可能，导致"有效的包容"），也是低效经济力量的源泉，会产生"低效的排他"。[28]该矛盾被称为"平台效率困境"，换言之，如何保持平台创造和管理的正外部性（包括创新模式），且同时规范它们的经济增长和议价能力，从而在数字市场社会维持一个"有效的竞争"？

基于上述认知，全球范围内就如何解决这种权衡以及如何解决数字平台经济中的整体竞争和消费者问题展开了激烈的公共政策辩论。此外，政策辩论也聚焦于哪些政策工具，如管控、反垄断、消费者保护和数据保护，最适合处理有关数据和平台经济的种种权衡。

---

[27] Rochet and Tirole (2003, 2006)；Armstrong (2006).
[28] Baker (2019).

第三节　科技巨头与网络信息：多元化困境

　　"平台效率困境"不仅影响经济效率，还会造成其他不良的社会后果，如有碍数字信息空间（info-sphere[29]）中的表达自由、被倾听的自由、接触和被接触的自由。因此，在数字市场社会中也存在一个重要的"平台多元化困境"（参见第七章）。

　　网络平台尤其是社交网络（社交媒体的子概念）的拓展导致信息系统的转变。如今人们获取的日常信息包括两块，一块来自线上或线下的传统编辑资源，另一块则是算法推送的信息资源，包括来自新闻聚合、搜索引擎和社交网络的信息。此外，允许用户参与内容的生产和复制，从而减少传统报纸、电台和电视台在信息系统中扮演的中介作用的空间，信息价值链也随之发生深刻改变。

　　2020年，超过80%的欧洲民众从网络获取信息，其中超过50%的民众使用社交网络作为信息来源。图1.3报告了欧盟平均值以及国家/地区分布。

　　在数字市场社会中，由于供给侧"渠道"的激增，以及自产信息内容的丰富（通过直接重构来自新闻资源和更广泛的电子世界的评论、新闻和信息而制成），信息内容的可获得性大大提高。[30]这被很多思想家认为是一个信息自由与言论自由的理想世界，作为"自由思想市场"（在理论框架中该市场最终能披露"事实"）中各种信息来源之间的竞争的结果，[31]它

---

　　[29]　Floridi（2014）.信息空间的概念建立、发展自Habermas（1962）提出的"公共空间"概念。
　　[30]　See AGCOM（2018）.
　　[31]　"自由思想市场"是一个非常有名的理念，发展自霍姆斯（J. Holmes）法官一个世纪前在亚勃拉姆斯诉美国政府案［Abrams v. United States，250 U.S. 616（1919）］中对美国宪法第一修正案的适用提出的不同意见。第一修正案，除其他事项外，管辖"言论自由或新闻自由；或人民和平集会并向政府请愿纠正错误的权利"。根据霍姆斯法官的不同意见，"当民众意识到时间已经颠覆许多争斗的信念时，他们会比相信自己的行为依据更加相信，思想的自由交易能够实现所期望的终极善——检验真理的最佳标准是让观点的力量在市场竞争中被接受，而真理是他们的愿望能够安全实现的唯一基础"。

22

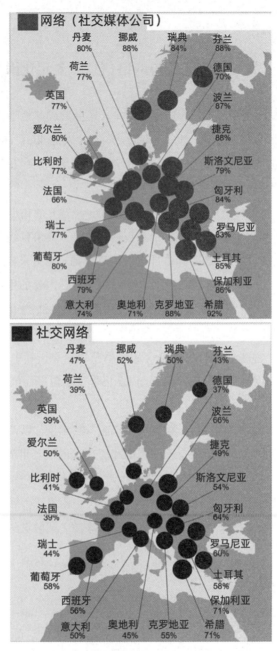

图 1.3 2020 年网络和社交网络新闻来源（个人百分比）
（来源：Reuters Institute Digital News Report 2021）

将开创令人信服的"外部"多元主义。[32]

23

该理论框架并不能反映网络信息系统的实情。信息过载的高风险是其主要问题之一，这意味着信息的过度供给使消费者无法消化这些信息，从而造成盲从。这就是如此使用算法信息源的原因，因为它们解决了数字信息过载问题，并通过完美区分和匹配消费者（当前）对信息内容的偏好来有效地选择相关信息。因此，交易与搜索成本的降低也会减少消费者寻找信息的成本。尽管如此，这会不可避免地抑制多元化，因为算法产品效率让消费者只接触他们希望接收的信息，这些信息是他们现有认知世界的反映。与之相反，多元化则意味着消费者应该还能够接收到他们也许现在反对的信息内容。实际上，高效的"内容匹配"会产生意想不到的后果，尤其对搜索引擎和社交网络而言，它会从用户的信息库中去除任何不"讨人喜欢"或与当前用户的画像不相匹配的内容。

24

此外，外部多元化的概念立足于对需求不加扭曲的理解，正如消费者把握市场和有效配置资源的能力基于他们理性、公正和充分知情的选择。然而，信息消费存在内生性的确认偏差，[33]算法分析又指数级地强化了该偏差，从而抑制了需求方的多元化。换句话说，算法的技术特征进一步加剧了由确认偏差、群体思维偏好、锚定效应等认知偏差诱发的自我选择行为。

随着欧洲和世界其他地区通过搜索引擎和社交网络获得信息的民众越来越多，数字平台应用的"高效算法匹配"日益引发对网络多元化的性质和程度的担忧。与此同时，不实信息和误导信息策略已成功在选举、新冠流行期间散布虚假信息，尤其是在网上。[34]

该过程被视为数字回声室的建立和公民的两极分化，这最终可能对

---

[32] 外部媒体多元化的概念基于不同信息来源之间竞争的扩散。内部媒体多元化概念则不同，它指的是同一信息系统公司内存在的不同内部声音，如记者与编辑有不同的想法、背景等。内部媒体多元化的概念主要用于提供公共服务并受公共服务合同约束的公有广播电台或报纸。

[33] Sustein（2017）。

[34] Vosoughi, Roy and Aral（2018）。

社会和政治制度的基本面产生巨大的消极影响。㉟在多数情况下，这些并不是平台期待的结果，平台也已经着手制定内部政策治理以纠正不良的社会后果。然而，这一后果与平台采用的特定商业模式有着内在的联系，平台将其应用于所有类型的产品，包括信息。

为了处理"平台多元化困境"和广泛传播的网络不实信息策略，欧盟委员会已于 2020 年与《数字市场法案》提案一起推出了《数字服务法案》，旨在提供一个新的规范，为数字用户抵制非法的、有害的内容提供一个更加透明和负责的环境（参见第七章）。

25 两个"平台困境"都是基于相同的经济机制和商业策略：（1）在一个多边市场的环境中，建立一个以免费服务和数据进行交换为基础的商业模式；（2）通过内化和开发每个消费者的偏好和支付意愿信息，达到与一个完全竞争环境相似的有效率结果的能力。

这些现象，加上间接和直接的网络外部性，可以将用户锁定在"信息数字二级市场"中，平台成为守门人，管理消费者信息、选择每个用户的产品和价格，从而变成事实上的"市场"（参见第五章）。从竞争和社会的角度，这样的结果并不可取，尤其当市场和服务影响信息、公共讨论和其他核心民主价值和活动时。在第七章，我们将探讨，除了过去规范主流媒体的传统知情权和被告知权外，在数字市场社会是否需要设置一个专门的新权利——不被误导权。

在下面的第一章第四节和第六章、第七章，我们将看到欧盟的政策制定者正以一个协调和系统的方式来处理这些问题和困境。这与传统的规制路径大不相同，传统路径习惯于根据公司与消费者的互动是否发生来明确他们分别应当遵循的规则和义务：如是在"产品市场"还是在"思想市场"。㊱事实上，数字化使得同一家公司能够在不同的网络中以

㉟　Sustein（2017）.
㊱　Coase（1974）. 根据科斯（Coase），政策制定者认为，产品市场上的消费者急需保护以免受市场力量、卡特尔、误导广告和不公平做法的影响，而同样的消费者在思想市场上却是完全理性的、知情的、自我赋权的。

类似的方式提供各种服务。㊲这种被全球性数字平台放大的多媒体融合是数字经济的核心，也（表面上）正导致数字政策和规制框架的高效和连贯融合。

第四节 数字市场规制：(地缘)政治与政策制定 26

在发展的早期，数字平台体现了一个不受监管的世界的积极一面，自由放任的政策让市场来实现"制衡"。该路径导致（1）新的、创新的、高效的主体以促进竞争的方式进入垄断或寡头市场（如媒体和新闻市场、大型零售分销、图书销售、出租车服务等），和（2）创造新的产品、服务和市场。这种对传统市场、公司和商业模式的破坏长期被终端用户和政策制定者（包括世界各地的反垄断执法者）视作积极现象。

在政治竞技场，硅谷成为数字资本主义的核心引擎，持续产生重大创新，其特点是搜索和交易成本降低，进入市场和服务的障碍减少，并可能实现促进社会发展的共享经济（参见第二章第四节）。

正如前面所提到的，随着时间的推进，全球数字市场最终完全由少数美国（和中国㊳）企业控制（参见图1.2），这些企业拥有巨大的经济和社会能量。它们的力量是全球性的，但它们的法律和政治根基是国家性的，即美国的。事实上，科技巨头深深植根于美国司法管辖区，这为它们的发展提供了经济、法律和社会背景。欧盟一直处于数字平台生态系统核心的边缘。

除了不平衡的情况外，欧盟的数字政策选择没有地缘政治考量的引导（或者可能是最少和多余的部分）。欧盟及成员国的政策行动基于其资金价值，体现了市场自由和国家介入之间的平衡关系。那些相同的价

㊲ Manganelli and Nicita (2020)，Sect. 8.1.
㊳ 中国的平台生态目前仍是次全球性的，主要限于中国市场。

值在传统上使得大西洋两岸的竞争政策和反垄断介入具有不同的特征。[39]

27   然而，这种情况最近到了一个需要彻底整顿的点。最初优待数字平台的政策经历重大变化，即使在美国也是如此。在 2020 年美国总统大选期间，两党的政治议程转向要求加强反垄断执法。[40]2020 年，特朗普（Trump）总统签署了一项行政命令以规制社交媒体上所谓的"网络监控"与数字巨头无可匹敌的经济实力（参见第七章）。一位叫伊丽莎白·沃伦（Elisabeth Warren）的民主党总统候选人在她的竞选活动中聚焦数字平台，主张更强硬的反垄断介入，如强制剥离，让人想起过去针对洛克菲勒（Rockefeller）财团的反垄断干预。

这些担忧促使美国与欧洲提出各种改革建议，重点关注访问规制以减少平台的信息优势。[41]在美国，《纳德勒和西西林员工报告》(Nadler and Cicilline Staff Report)[42]警告，平台能够访问竞争者的数据，这使它们在市场中拥有不公平的优势。它们还能够关注其他企业以识别出潜在的竞争对手，收购、复制、切断它们的竞争威胁。竞争优势延伸到了需方市场。根据同一个报告，大型平台"可以如手术刀般精确地投放广告，通过更好地了解用户参与度和偏好改良产品和服务，并更快地识别商机。这导致吸引更多用户和产生更多数据的自我强化效应"。报告还称，大型平台受益于信息规模收益，因为它们可以同时为数亿平台用户更新信息，而小型网站只能覆盖一小部分在线用户。数据驱动的收入允许平台提供免费商品，这使它们在市场上更具优势。

通过重新引入新布兰代斯主义的主张，即大型公司拥有抑制竞争和

---

[39] Fox（2014）. 尽管对滥用支配地位采取所谓"更经济的方法"，该论断依然是正确的。See Communication from the Commission—Guidance on the Commission's enforcement priorities in applying Article 82 of the EC Treaty to abusive exclusionary conduct by dominant undertakings, OJ C 45, 24.2.2009, 7.

[40] Baker（2019）.

[41] Glass, Gori and Nicita（2021）.

[42] U.S. HoR, Subcommittee on Antitrust（2020）.

民主的市场与政治力量，对大型网络平台日益增长的担忧被强化。[43]这个概念框架建议进行一系列的调查，以评估兼并是否会导致竞争大幅减少，如数据控制和守门人瓶颈。另一项建议关于公共事业监管工具的拓展，如访问和非歧视义务，如提供必要服务的公司分享数据的义务。

2021 年，拜登（Biden）总统提名丽娜·汗（Lina Khan）任联邦贸易委员会的主席，提名另一位对科技巨头持严厉批评声音[44]的蒂姆·吴（Tim Wu）任国家经济委员会中负责技术和竞争政策的专家。拜登政府似乎处于美国针对科技巨头竞争政策的转折点。争议事项之一为是否应当修订反垄断法和竞争政策以处理数字资本主义的新问题，即赋予政府机构、委员会（司法部和联邦贸易委员会）和法院新的权力和能力，抑或是否需要改变现行反垄断法的经济方法。[45]该方法事实上已经让芝加哥学派提出的一些核心反垄断原则处于修订当中，[46]且近来在数字市场社会引发了大量的反垄断执法，尤其是关于兼并清算和垄断行为。

2021 年 6 月，美国众议院司法委员会下属的反垄断委员会引入 5 个法案，共同规划新的数字政策，包含新的反垄断执法权和新的针对科技巨头的监管政策，其中包含《美国创新与选择在线法案》（American Innovation and Choice Online Act）、[47]《通过允许切换服务增强兼容性和竞争法案》 [Augmenting Compatibility and Competition by Enabling Service Switching (ACCESS) Act][48]和《终结平台垄断法案》（Ending Platform Monopolies Act）。[49]

美国的政策是追随欧盟提案的步伐。2020 年 12 月，欧盟提出了《数字市场法案》[50]（参见第六章），旨在对科技巨头（和少量其他的数

---

[43]　Khan (2016, 2018). Shapiro (2019).

[44]　Wu (2018).

[45]　Baker (2019).

[46]　Posner (2001)；Bork (1978)；和其他的知名学者与法官。

[47]　H.R. 3816。该法案规定，平台从事的某些歧视性行为是非法的。

[48]　H.R. 3849。该法案旨在推动竞争、降低市场进入门槛、减少消费者和公司在网络上切换到不同服务的成本。

[49]　H.R. 3825。该法案旨在排除因大型网络平台同时拥有或者控制小型网络平台以及其他公司所带来的利益冲突，从而推动数字市场上的竞争和商业机会。

[50]　European Commission, Proposal for a Regulation on contestable and fair markets in the digital sector (Digital Markets Act), COM (2020) 842 final.

字平台），即所谓的"守门人"，进行新的监管。根据竞争与市场管理局下属数字市场工作组的建议，英国采用了类似的监管方案。[51]

全球性的关注（终于对应了数字市场的全球属性和规模）也正式出现在最近的 G7 部长宣言中："通过共同努力，包括在现有的国际和多边论坛，我可以找到连贯的和互补的方式鼓励和支持数字市场中的竞争与创新。"[52]

这个宣言反映了就数字公共政策的发展和实施进行国际协调的需要，很显然需要一个合作的而非竞争的地缘政治环境。

正如前面指出的那样，数字公共政策事关企业和消费者的基本权利与平台服务静态和动态的市场价值之间的重要经济纠葛，其重要性还取决于平台的规模、信息的可用性与对消费者的"了解"。科技巨头如今确实正引导着数字化转型，在公平有效的政策框架内，它们能很好地为经济和社会发展以及数字市场社会福利的提升作出重大贡献。为了达到这个目标，政策制定者应当制定数字市场的核心运作规则，包括在全球层面尽可能一致的基本数字权利。另外，全球性平台应当遵循这些规则，并和公共机构进行合作与透明的互动，同时致力于建立真实有效的（共同）监管。

即使是在网络空间，公共政策也很重要，因为公权力机关主导和负责在私人利益、公共利益和社会福利之间构建一个公正、平衡且高效的均势状态。

参考文献

AGCOM. (2018). Report on the consumption of information.

Armstrong, M. (2006). Competition in two-sided markets. Rand Journal of Economics, 37 (3), 668—691.

---

[51] CMA (2020) Advice of the Digital Markets Taskforce.
[52] 2021 年 4 月，英国、加拿大、法国、德国、意大利、日本、美国和欧盟批准了《G7 数字技术部长宣言》(G7 Digital and Technology Ministerial Declaration)。

Baker, J. (2019). The antitrust paradigm.

BEREC. (2013). Report on the NRAs' regulatory capacity.

BEREC. (2016). Report on OTT services - BoR (16) 35.

Bork, R.H. (1978). The antitrust paradox: A policy at war with itself. Basic Books.

Bourreau, M., & De Streel, A. (2019). Digital conglomerates and EU competition policy. CERRE Policy Paper.

Cabral, L., Haucap, J., Parker, G., Petropoulos, G., Valletti, T., & Van Alstyne, M. (2021). The EU Digital Markets Act. JRC Report.

CMA. (2020). Advice of the digital markets taskforce.

Coase, R. (1974). Market for goods and market for ideas. American Economic Review.

Commons, J. R. (1924). Legal foundations of capitalism.

Commons, J. R. (1930). Institutional economics.

Crawford, G., Crémer, J., Dinielli, D., Fletcher, A., Heidhues, P., Schnitzer, M., Scott Morton, F., & Seim, K. (2021). Fairness and Contestability in the Digital Markets Act. Yale Digital Regulation Project, Policy Discussion Paper No.3.

EU Commission. (2010). Communication on a digital agenda for Europe - COM (2010) 0245.

EU Commission. (2016a). Communication on online platforms and the digital single market opportunities and challenges for Europe - COM/2016/0288 final.

EU Commission. (2016b). Communication on connectivity for a competitive digital single market-Towards a European Gigabit Society - COM (2016) 587 final.

EU Commission. (2020). Proposal for a regulation on contestable and fair markets in the digital sector (Digital Markets Act) COM 842 final.

EU Commission. (2021). Digital Compass 2030—The European way for the Digital Decade.

Evans D., & Schmalensee, R. (2016). Matchmakers: The New Economics of Multisided. Harvard Business Review Press.

Floridi, L. (2014). The fourth revolution: How the infosphere is reshaping human reality. OUP Oxford.

Fox, E. (2014). Monopolization and abuse of dominance: Why Europe is different. The Antutrust Bulletin, 59, 129—152.

Geroski, P. (2003). Competition in markets and competition for markets. Journal of Industry, Competition and Trade, 3, 151—166.

Glass, V., Gori, S., & Nicita, A. (2021). Online platform dominance: A case for dynamic first viewer advantages.

Habermas, J. (1962). The structural transformation of the public sphere. Polity Pr.

Holmes, J. (1919). Abrams v. United States, 250 U.S. 616.

Hovenkamp, H. (2021). Antitrust and Platform Monopoly, 130 (8), 1952—2273.

Khan, L. (2016). Amazon's antitrust paradox. 126 Yale Law Journal.

Khan, L. (2018). The ideological roots of America's market power problem. 127 Yale Law Journal Forum 960.

Manganelli, A., & Nicita, A. (2020). The governance of telecom markets. Palgrave MacMillan.

OECD. (2009). Better regulation in Europe: An assessment of regulatory capacity in 15 member states of the European Union.

Polany, K. (1944). The great transformation: The political and economic origins of our time.

Posner, R. (2001). Antitrust law. University of Chicago Press.

Rochet, J. C., & Tirole, J. (2003). Platform competition in two-sided markets. Journal of the European Economic Association, 1 (4), 990—1029.

Rochet, J. C., & Tirole, J. (2006). Two-sided markets: A progress report. The RAND Journal of Economics, 37 (3), 645—667.

Schiller, D. (2000). Digital capitalism. Networking the Global Market System.

Schwab, K. (2016). The fourth industrial revolution: What it means, how to respond. World Economic Forum.

Shapiro, C. (2019). Protecting competition in the American economy: Merger control, Tech Titans, Labor Markets, 33 Journal of Economic Perspectives 69.

Sunstein, C. (2017). #republic: Divided democracy in the age of social media. Princeton University Press.

U.S. HoR, Subcommittee on Antitrust. (2020). Nadler, J., & Cicilline, D. - Investigation of Competition in Digital Markets. Subcommittee on Antitrust Investigation of Competition in Digital Markets. Majority Staff Reports and Recommendations.

UN Resolution. (2015). Transforming our world: The 2030 Agenda for Sustainable Development adopted by the General Assembly.

Van DijcK, J., Poell, T., & De Waal, M. (2018). The platofrm society, OUP.

Vosoughi, S., Roy, D., & Aral, S. (2018). The spread of true and false news online. Science, 359, 1146—1151.

Williamson, O. (1985). The economic institutions of capitalism.

Williamson, O. (2000). The new institutional economics: Taking stock, looking ahead. Journal of Economic Literature, 38, 595—613.

Wu, T. (2018). The curse of bigness: Antitrust in the new gilded age. Columbia Global Reports.

28

第一部分
数字市场和数字权利的演变

第二章　数字资本主义与新经济

摘要:数字化转型逐步改变了经济互动和商业。电子商务最初的模式只是线上商店的交易,其规模非常分散,并且与许多线下行为相结合。从那时起,互联网经济朝着多个方向发展,形成了一个流动的、复杂的数字资本主义,通常由新的服务提供者所塑造。关于此类服务提供者的商业模式,最流行的模式是"多边平台",其在不同用户群体之间充当"媒人",通常将(个人)数据作为关键经济资产。另一个模式是所谓的共享经济,它拥有不同形式,因此需要多样化的数字公共政策。

关键词:电子商务　网络服务提供者　(双边)平台经济　共享经济

第一节　电子商务的演变

商业数字化转型一直是整个数字化转型的核心。电子商务的发展创造了新的商业方式。电子商务开发了新的服务和产品,扩大了地理市场;大多数服务提供者的职能已被改造或取代;市场参与者之间的关系,无论是在供给还是需求方面,都得到了彻底的改善。事实上,电子

36

商务也在多个方面重塑了消费者的行为，如需求模式、信息的可用性以及消费者在经济交易，甚至价值链中的角色。在宏观层面上，电子商务是当前向知识经济转变的原因和结果，并推动了市场全球化，提升了技术在日常生活中的重要性。[①]

电子商务的一种常用定义是，通过计算机网络进行的、对商品或服务的销售或购买，且该种销售或购买是通过一种专门为接收或下达订单而设计的方法完成的。[②]理论上，每种产品或服务都可以参与电子销售，这完全取决于订购方式，而不是产品或服务的特点。当然，订购方式、支付方式或交付渠道都经历了数字化转型，这也使电子商务本身经历了不断的演变。

今天，电子商务可以通过以下方式进行：（1）专用于企业对企业模式（B2B）的电子数据交换（Electronic Data Interchange，EDI）；（2）用于 B2B 和企业对消费者模式（B2C）的互联网；（3）两者的某种组合。EDI 是一套协议和标准，用于不同商业信息系统之间的数字化商业信息和文件的电子交换，通常不需要任何人为干预。

专栏 2.1　电子商务何时产生

电子商务的起源可以追溯到 20 世纪 70 年代末，当时，EDI 被开发出来。通常，EDI 被用于活跃在同一行业但处于价值链不同层级的公司之间的交易，例如大型零售商和供应商，以便各个仓库的数据库进行沟通。

EDI 不是基于互联网的，因为当时互联网并未诞生。因此，EDI 的运作基于专用电信线路或小型网络，以便将同意一致管理电子交易和信息交换的公司互连起来。

很明显，EDI 商务是一种成本高昂的商业解决方案，只有大公司才采用，用于 B2B 的电子交易。数字化转型以及互联网和万维网的出

---

① OECD (1999).
② OECD (2019).

现彻底改变了电子商务的场景。首先，小公司也开始从事电子交易，B2C 电子商务开始铺开。

目前，EDI 也可能依赖在线渠道，但它不是一个交互式系统，这意味着卖家和买家无法进行谈判，只能接受交易的数据条款，而当然，基于网络的电子商务已经成为一个适当的虚拟电子市场，特别是在 web 2.0 时代。

如今，电子商务主要是基于网络的，但交易周期（即广告、交付、支付）和整体商业关系（即通信、售后服务和售后产品）可能会因交易内容和商家的商业模式而不断变化。因此，其他互联网服务（如电子邮件）、"实体"网站、电话和传统邮政服务仍被广泛使用。与支付模式一样，目前电子商务交易主要依赖电子支付系统，但其他支付方式仍被广泛使用。

事实上，就参与企业的百分比而言，今天基于网络的商业交易是最广泛的电子销售实践：2020 年，欧盟企业进行电子销售的平均百分比为 21%，其中 15% 的企业通过网络进行，只有 3% 的企业通过 EDI 进行。

然而，从营业额的百分比来看，基于 EDI 的交易所产生的收入仍然远远高于基于网络的交易所带来的收入。2020 年，所有欧盟公司的电子商务营业额占其总营业额的 19.8%，其中，EDI 类型交易产生的营业额为 12.8%，网络销售产生的营业额为 7%（参见图 2.1）。

38

从 2004 年的 8.6% 开始，由于创新动态，电子商务营业额的百分比不断增加，首先是移动互联网的爆发，这逐步扩大了电子商务的范围（参见图 2.2）。

2020 年的营业额数据来自一组不同背景的国家，从希腊的 4.3% 到爱尔兰的 44% 不等。这种差异取决于几个因素，比如不同国家对固定宽带和移动宽带网络有不同安排，以及——也是最重要的——消费者掌握数字技术的能力和企业对数字技术的倾向（参见图 2.3）。

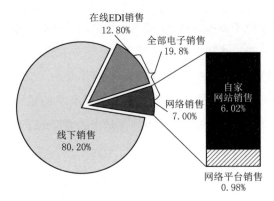

图 2.1　2020 年欧盟企业的平均营业额来源（来源：EC Digital Scoreboard 2020）

39

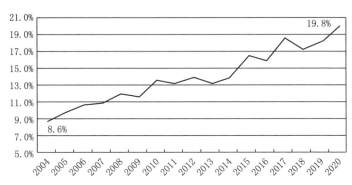

图 2.2　欧盟企业的电子销售总额占总营业额的百分比
（来源：EC Digital Scoreboard 2020）

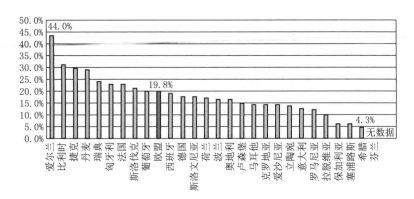

图 2.3　2020 年按企业划分的电子销售总额（来源：EC Digital Scoreboard 2020）

　　从公司规模来看，可以观察到，大型企业对电子商务的倾向要大得多：2020 年，39%的大型企业从事电子销售，而中小企业不到 17.5%。③不过，在过去几年中，中小企业的趋势相对增长，而大型企业的趋势平平。

　　事实上，只要数字化转型继续推进，小公司就能进入越来越大的地理市场，从而吸引越来越多的新消费者。事实上，电子商务使小型企业能够进入新的国内和国际市场，一般来说，小型企业不再受其与零售商或销售人员间现有垂直关系的限制。这就是为什么人们认为建立和巩固欧盟内部数字交易市场至关重要，这能够将法律和经济障碍降至最低（参见第三章）。尽管如此，仍有一些技术和经济因素阻碍了中小企业参与和扩大在线销售，例如，缺乏数字技术能力和熟练员工，又如只能使用标准互联网业务连接——大型公司可以拥有专用连接和特殊合同条件。

40

　　在欧盟 27 国中，使用网络销售企业的销售额占比正在缓慢增加：2020 年，大型企业的 B2C 网络销售额约为 11%，中小企业的约为 9.5%（参见图 2.4）。

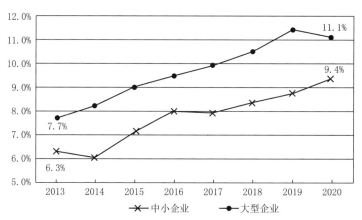

**图 2.4　利用 B2C 网络销售的企业,按规模划分(中小企业、大型企业)
(来源:EC Digital Scoreboard 2020)**

③　中小企业包括拥有 10—249 名员工的公司。大型企业包括雇用 250 人或以上的公司。

最近，企业开始活跃于在线市场。如第二章第三节所述，在线平台的市场可以极大地降低交易成本，提高卖家进入新市场和接触新消费者的知名度和能力，从而完全地释放他们的增长潜力。然而，从 2020 年的公司营业额来看，欧盟通过第三方平台市场销售的平均销售额仅为 14%，而通过自己的网站或应用程序销售的平均销售额为 86%。经第三方平台市场销售收入在不同国家之间差异巨大，从保加利亚的 35% 到匈牙利的 4% 不等（参见图 2.5）。

41

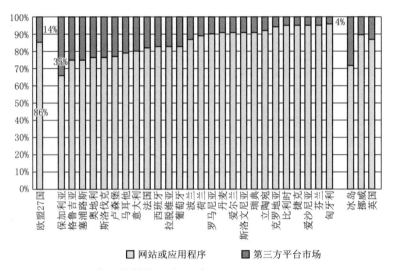

图 2.5　2020 年网络销售百分比(来源：EC Digital Scoreboard 2020)

在终端用户方面，电子商务的上升趋势很明显。2020 年，约 63% 的欧盟民众在线订购商品和服务，23% 通过消费者对消费者模式（C2C）在线销售商品或服务，例如通过在线拍卖或第三方平台市场（参见图 2.6）。

此外，在 B2C 市场中越来越普遍的是，电子商务订阅模式意味着持续提供商品、服务以及经常性付款，尤其是针对视听内容或电子服务等无形产品而言。这种演变使得消费者在出国旅行时也必须保证服务的连续性（参见第三章第三节"内容可携带性"规定）。这种模式已经开始

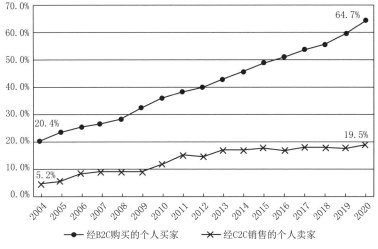

图 2.6　从事电子商务的欧盟终端用户

应用于有形商品，通过定期折扣，甚至通过永久连接的智能物联网设备，来检测稀缺性，而后自主购买产品或其需要的供应品。④试举一例，亚马逊 Dash 计划可以就一些联网设备进行自动补货，如洗碗机、洗衣机、打印机和滤水器。

第二节　互联网经济与网络服务提供者

电子商务的发展增强了经济全球化及其互动性，连接了大小企业和家庭，促进了通信和商业交易。换言之，移动技术使消费者能够随时随地进行一系列商业电子活动。电子商务也带来了新的组织和商业模式，从而直接或间接地促使企业评估其成本结构和竞争战略，并探索新的可能性。

很明显，数字革命改变了商业，深刻影响了商业的一些基本经济方

④　这些都是所谓的物联网的组成部分，即越来越多的对象通过电子通信技术交换数据和信息，人类交互有限，并通过互联网连接。See Sect. 7 in Manganelli, Nicita (2020).

面，其中，首先影响的是与时间、可用信息和地点相关的消费者交易行为。电子商务的另一个关键经济特征是，它对供应端成本（即企业的生产力和分销成本）和消费者端成本（例如交易和搜索成本的降低）的影响。⑤

至于对价格的影响，将成本降低转嫁给消费者并不是电子商务市场的直接结果，但这取决于电子销售给每个特定市场带来的竞争强度。实证研究表明，由于电子商务对竞争和创新的影响，电子商务给许多市场带来了价格下行压力。⑥

此外，由于消费者信息和卖家的可比性的增强，电子商务在减少价格离散度（同一市场中同一服务或产品的卖家之间的价格差异）方面发挥了作用。然而，也有实证研究表明，在互联网经济中，在线市场的价格离散度仍旧显著且持续地存在。⑦电子销售的扩张带来地理市场的扩张，而事实上，地理市场的扩张可能会对价格离散度产生"反常效果"。数字平台逐渐成为主要的数字商业模式，这种模式的爆发使得"反常效果"有所减少，这意味着只有（全球）数字平台引入的商业模式产生了革命性的影响，这种影响表现在搜索成本和消费者信息可用性方面。⑧正如我们将在第二章第三节中看到的，在线平台（尤其是科技巨头）开发的电子商务实践意味着巨大的价格歧视。然而，价格歧视是一个本质上不同的经济现象，其是指一个卖家向不同的买家群体或不同的地理位置提供不同的价格，而价格离散度指的是不同卖家定价的可

44

---

⑤ Cfr. Brousseau and Curien（2007）.
⑥ Brown and Goolsbee（2002）；Jo, Matsumura and Weinstein（2019）.
⑦ Baye, Morgan, Scholten（2004），该研究分析了从价格比较网站收集的1 000种商品的详细价格信息，贝（Baye）等人发现，网上销售的商品的平均变异系数约为9%。Gorodnichenko, Sheremirov, Talavera（2018）表明，尽管在线价格的变化比线下价格更频繁，但它们仍然表现出相对较高的刚性和相当大的横截面分散性，并且对需求条件的可预测或意外变化的敏感性较低。
⑧ 事实上，价格离散度的一种更易于理解的解释是：这是由于消费者的信息不完善，即并非所有消费者都知道谁是适用最低价格的卖家。然而，在引入了针对消费者的不完美信息的情况下，为了获得价格离散均衡，人们需要一个框架，让消费者能够获得所有当前价格的信息，就像在价格比较网站中一样（而不是顺序搜索，否则自然结果不是价格离散，而是卖家的垄断定价）：参见Varian（1980）。主要的后果是，社会福利和消费者福利通常都随着搜索成本的下降而下降。

变性。

信息和搜索成本的降低是互联网经济的一个基本方面，也在去中介化的争论中发挥着核心作用。[⑨]事实上，有一种观点认为，网络的广泛使用可能导致普遍的"去中介化"，即取代或消除市场中介，从而实现消费者和生产者之间的直接贸易。这种现象发生的原因是低成本的网络访问，以及对每个经济参与者信息的完整掌握——这将使中介机构变得多余，中介机构的成本也将变得不合理。[⑩]

尽管电子商务和网络经济意味着一些活动（例如分销链的精简）的非中介化趋势，但这一趋势并没有普遍化。事实上，与其说消除中介，不如说网络中介的功能被进行了重组和重新定义，这首先是为了建立信任并降低电子商务中涉及的风险（参见第四章第二节），以及使供应商与消费者（即小公司和点对点活动）相匹配（参见第二章第三节）。

45

此外，在今天的网络销售中，（一些）最大的参与者，即在线匹配平台，本质上是中介，在其中介功能中纵向和横向地整合了价值链的其他部分，而不是整合价值链上游的中介（参见第五章第一节所述的市场包抄实践）。

在线中介机构的职能可分为三大类，[⑪]即：

(1) 通过在卖家和买家之间创建"即时性"，促进交易过程和"第三方平台市场"功能。在这样做的过程中，中间商承担了生产

---

⑨　然而，有趣的是，仅仅通过互联网收集和搜索信息并不足以将交易视为电子商务。在网络上（尤其是在中介平台上）收集与直接交易（网络外或中介平台外）相关的信息息实际上是一种遭到网络中介强烈反对的做法，因为它利用了在线服务的正外部性（降低了搜索成本），而没有给中介任何好处（交易费）。这确实是一种"搭便车"的形式，但通过对搜索服务收费很容易克服。当然，收费对于双边平台来说通常并不方便，因为整体利润取决于价格结构（见第二章第三节）；因此，平台倾向于使用不同的经济工具，例如最惠国待遇条款（与通过中介施加的直接价格相比，向商家施加更高的直接价格）。然而，当存在占主导地位的市场参与者时，最惠国待遇的做法很可能是竞争法中的滥用行为（滥用主导地位）。例如，参见最近2020年竞争与市场管理局关于家庭保险产品比价网站最惠国待遇做法的非法协议（《欧盟运行条约》第101条）的决定。

⑩　生产者（或买方/卖方）和中介机构之间的关系通常被解释为委托代理关系。由于代理人的机会主义行为，委托人面临代理成本，这是由道德风险（隐藏或无法核实的行为）、逆向选择（隐藏信息）和隐藏意图等信息问题引起的。因此，代理人在执行任务时必须具有相对优势（例如全面的信息，意味着更高的生产效率）。

⑪　OECD（2019）；OECD（1999）.

者的一些库存风险，降低了消费者的一些交易成本和一些搜索成本；

(2) 收集、汇总和评估与交易相关的分散信息（市场的信息效率功能），并将相关信息传达给交易的每个部分，即消费者偏好和支付意愿、可用产品范围及其价格等信息。我们将在第二章第三节和第五章第三节中，与大型数字平台相结合，更好地描述此功能；

(3) 减少交易双方之间的信息不对称，建立信任和声誉（中立的有经验的第三方职能），这在网络世界中至关重要，因为交易的虚拟性质加剧了信息不对称，这意味着不可避免的物理距离。

这些中介职能往往相互依存，有时部分重叠，因此，通过联合提供这三种中介服务，而不是由三个独立的中介机构分别提供这三种职能，可以预期会带来强大的范围经济和效率收益。这正是大型数字平台正在做的事情。

46

第三节 （双边）平台经济和数据经济

数字市场社会现在包括许多数字平台，这些平台开展的数字活动十分广泛，例如在线广告、市场服务、互联网搜索引擎、社交媒体、创意内容聚合和分发、视频共享、通信服务、产品价格比较、应用程序分发、支付系统服务、协作活动等。[12]

在线平台通过匹配国内外买卖双方，促进了在线交易，改变了电子商务的格局。事实上，平台将众多参与者聚集在一起，使在线销售的商品、服务的规模与范围更大，这是线下销售或通过单个公司的网站销售无法达成的。最近出版的一本书清楚地阐述了数字平台作为中介的内在

---

[12] See EU Commission (2016)；See also BEREC (2016).

新颖性：它们是"媒人"，允许来自不同群体的个人相遇，并从这种匹配所创造的经济价值中受益。[13]

电子商务中的"在线平台"一词通常指允许第三方卖家与客户互动的多方面市场，并且该平台无需获得所提供的商品或服务的所有权。[14]然而，在线平台也经常以在线零售商的身份向客户销售。无论卖家是第三方平台还是平台提供商，如果订购发生在网上，都是电子商务。

一个双边或多边市场涉及至少两组通过平台进行交互的代理。当然，任何市场都有买家和卖家，但这些互动有一些特定的附加特征，这些附加特征可以将市场变成多方面的市场：[15]

(1) 平台通过向两组不同的客户销售两种不同的产品或服务，至少在两个不同的方面发挥作用；在这样做时，

(2) 它考虑到至少一组客户的需求取决于另一组客户（意味着平台没有外部性）的需求；相反地，

(3) 这两个群体的客户没有考虑到这些间接网络效应（这意味着买家存在外部性）；[16]此外，

(4) 市场一侧的客户无法将平台要求的服务价格上涨完全传递给另一侧的客户。

主要有两种风格化的平台模式：(1) 非交易平台，即来自双方群体（例如服务用户和广告商）的主体之间不存在交易；以及 (2) 交易平台，其允许双方之间的交易，或促进双方交易，例如第三方平台市场、拍卖网站。这两种平台都以不同方式极大地影响了、改变了电子商务，因为这些平台能够匹配到不同的消费者群体，从而能够根据具体的商业模式降低交易和搜索成本。

这种经济和商业模式不仅仅与网络有关。事实上，已经有（而且仍然有）双边平台完全或部分离线运行。例如报纸和免费电视，一方面是

---

[13] Evans and Schmalensee (2016).
[14] OECD (2019).
[15] See Filistrucchi, Geradin and van Damme (2013).
[16] 这意味着双边平台不同于销售互补产品的公司。

读者/观众，另一方面是广告商；又如支付卡系统，连接消费者和商家；又如旅行社，一方是游客，另一方是酒店或航空公司；又如机场，与航空公司、商店和旅客/买家互动。

至于数字双边平台，一些十分明晰的例子是：（1）卖家和买家，即拍卖网站（如 E-bay），以及第三方平台市场（如亚马逊）；（2）商户和付款人，即移动支付（例如 Paypal）；（3）"免费"在线服务的客户，如使用搜索引擎、在线地图、社交媒体（如谷歌、脸书等用户）和广告商的用户；（4）离线服务用户和离线服务提供商 [如优步（Uber）、爱彼迎（Airbnb）、缤客（Booking）]，其中提供商可以是专业商户、非专业提供商或二者的某种组合（参见第二章第四节）。

双边平台经济学的一个基本原则是"价格结构的非中性"，这意味着企业利润和消费者福利不仅受到价格水平的影响，而且主要受到价格结构的影响。价格结构即为双方价格的相对比例和定价类型（例如，具有固定组成部分和可变组成部分的两部分收费标准）。[17]因此，平台的规模和增长取决于哪一方相对更有价值，或者哪一方更难让个人或公司加入。因此，例如市场一侧的"免费"交易（如访问搜索引擎或出租车在线平台的客户），可能会增加而不是减少整个平台的利润。此外，一方的"免费"交易可能会对消费者的福利产生不明确的影响，特别是当"免费"服务与隐性非货币交易相结合时，即隐性服务与注意力和个人数据的交换。事实上，几乎所有数字平台商业模式的基本共同要素都是数据及其作为经济商品的价值。

开展活动的在线平台收集或访问它们所接触对象的数据（个人和非个人的）。这些数据可以来源于（1）直接披露，例如，为了让平台（更好地）执行配对活动或提供（免费）在线服务；或来自（2）间接披露，例如，在使用在线（免费）服务时，不将信息直接传递给平台，而是通过平台传递给其他用户。这两种披露都可能代表针对免费或更便宜服务

---

[17] See, for example, Rochet and Tirole (2006)；Armstrong (2006)；Filistrucchi, Geradin and van Damme (2013).

的隐性交易,[18]但由多边市场的另一方支付报酬（该隐性交易的经济和市场影响将在第五章第三节中描述）。

因此，数据和数字足迹（digital footprints）[19]确实是经济商品，平台 49 可以通过分析所有用户，以及每个用户对服务和产品的个人需求，在偏好、需求和支付意愿方面，利用数据和数字足迹提取有价值的信息，从而允许各种形式的个性化广告、价格和报价歧视，最终提高销售的可能性和盈利能力。

平台通过直接使用信息(作为在线交易的零售商)或间接使用信息（主要是作为定向个性化广告的接收者）来对数据进行货币化（参见图 2.7）。

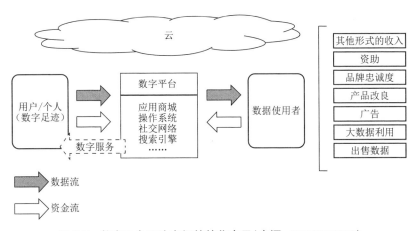

图 2.7　数字平台双边市场的简化表示(来源:AGCOM 2018)

第四节　共享经济及其众多面向

平台也促进了所谓"共享经济"中的商品和服务交换。例如，平台

---

[18]　与没有数据隐含交换和货币化的理论反事场景相比，免费或更便宜。

[19]　数字足迹是指由网络用户（个人或公司）的活动产生的一组数据，这些数据可以被跟踪和存储（根据隐私规则）。数字足迹可以是：（1）被动的，由用户的网络浏览活动和存储为 cookie 的信息组成；或（2）活动，由用户故意发布，以便进行一些网络活动，例如在社交媒体上的共享信息、在线地图上的目的地等。

50 开展的新型中介活动为非专业商家交易商品或服务提供了便利。此外，平台还允许商品和服务份额的划分、分配和交换。事实上，相比于简单的交易，划分和共享份额更需要极大地降低搜索、协调和交易成本。

事实上，如上所述，某种形式的资源共享始终是所谓共享经济的核心。然而，这一措辞经常以模棱两可的方式使用，因为"共享"可以有不同的含义，并且可以非常不同的方式实现。

例如，共享经济有时以排他性的方式被称为对等互动［点对点（P2P）或 C2C］，无论是在非盈利基础上（例如协作消费）还是涉及经济/货币交换。P2P 经济与"生产性消费者"（prosumer，即生产和消费的个人）和用户生成内容（user-generated-content）的概念相关，其具体指的是社交媒体或视频共享平台。共享经济不仅依赖于协作消费，还依赖于协作生产，例如大规模协作、基于人群的活动和维基（wiki）。[20]

即使是专业卖家和客户之间的经典商业交易也被认为是共享经济的一部分，只要资源分配和上文所述的方式相同。共享经济可以理解为包括永久转让资源所有权的交易，例如交易全新商品或二手商品，或专门交易某种商品的某些用途或权利（例如部分使用、临时使用），即所谓的接触经济（access economy）。在任何情况下，通常这两种形式都是通过在线中介平台实现的，这些平台创建匹配，促进交换。

通常，什么是 P2P 交换或商业交易，以及什么是"真正的"共享经济模式，而不是营销策略，这些概念都并非那么明确。试举一例，爱彼迎有时被描述为共享经济平台，供开放家中多余空间的人使用；然而，这些空间几乎总是租来的，而不是共享的，爱彼迎的房源大多由物业管理

51 理公司拥有。

针对具有以下特征组合的活动，共享经济给出了令人满意且全面的

---

[20] 维基是一种超文本出版物，由其受众直接使用网络浏览器进行协作编辑和管理。一个典型的维基包含多个关于项目主题或范围的页面，可以向公众开放，也可以限制在组织内使用，以维护其内部知识库。See D.Tapscott, A.D. Williams (2006), Wikinomics: How Mass Collaboration Changes Everything.

定义:[21]

(1) 主要以市场为基础，即共享经济创造了市场，使商品交换和新服务的出现成为可能，从而提高经济活动水平；

(2) 高影响力资本，即共享经济为资产、技能、时间和金钱提供了新的机会，使其能够更充分地被利用；

(3) 以群体为基础的"网络"，而不是集中的机构或"等级制度"，即资本和劳动力的供应来自分散的个人群体，而不是公司或国家集合体；未来的交易可能由分布式的基于人群的市场来调解，而不是由中心化的第三方来调解；

(4) 模糊了个人和专业之间的界限，即劳动力和服务的供应经常使P2P活动商业化和规模化，比如宴请某人或赚钱行为，这些活动过去被认为是"个人的"；

(5) 完全就业和临时工之间、独立和依赖性就业之间、工作和休闲之间的界限模糊，即许多传统的全职工作被合同工作（contract work）所取代，合同工作具有连续的时间承诺、精细度、经济依赖性和创业精神。

尽管如此，若要全面定义"共享经济"，仍旧存在着一个深刻的理论问题。事实上，在数字生态系统中，共享经济包括广泛的现象，其共同特征是产权的演变，这与网络中介机构导致的交易成本降低和生产效率提高有着内在联系。然而，这些现象和交易成本的降低可能具有完全不同的含义和结果。

一方面，在合作生产和消费的框架中，交易成本的大幅降低可以促进与非专有或集体用途（例如开放合作或开源经济[22]）相关的交易的出现。另一方面，交易成本的降低可以决定个人产权的使用强度，这些产

52

---

[21] Sundararajan（2016）.

[22] 这种经济模式最初应用于开源软件行业，如今已应用于广泛的行业。一些基本特征可能包括：(1) 在没有明确预期回报的情况下进行的工作或投资；(2) 通过用户和开发人员之间的合作生产的产品或服务；以及 (3) 对产品或"公司"本身没有直接的个人所有权。

权可能是分散的，并产生新的交换模式和新的市场（例如所谓的"超级经济学"㉓）。

"共享"可以向任何一种形式发展，在产权经济学上，这些形式之间存在差异。㉔第一种形式是经典的"公地"理论，即公共物品（人人所有或无人拥有的公共财产）的特征在法律上不可排斥，但在消费方面不具有可竞争性。㉕相反，在第二种形式中，共享是在一个典型的专有权体系中进行的，即合法的排他性使用，因此这种情况下存在竞争。在这种情况下，共享意味着与特定商品相关的权利束的分割，不会破坏专有权。相反，它强调了资产及其产权的更密集（和有效）的经济运用。

这两种形式的"共享"都被数字市场所需要。然而，这两种不同的形式不应被混淆，也不应被"共享经济"单一化、标签化，特别是对于公权力机构（政策制定者和监管机构）而言。事实上，在专有权层面，"共享经济"坐拥有效的市场化保护和激励形式，而在非专有形式中（即在非排他性和非竞争性的公有领域中），可能需要一些额外的公共干预来规范或促进协调，例如在消费方面避免"公地悲剧"，㉖或在生产方面激励对价值商品的贡献。

许多人认为数字生态系统可以而且应该在没有任何外部（公共）干预的情况下自我调节。关于规则和数字生态系统法律秩序的这一维度及其剧烈演变将在第四章第一节中讨论。然而，在不同类型的数字中介和"共享经济"的概念化中，很明显，数字生态系统的特点是在信息可用性、经济和议价能力方面普遍不对称，这总是需要公权力机构的关注和监督，并在必要时进行平衡干预。

㉓ Gray (2016)；Button (2020).
㉔ Demsetz (1967)；Demsetz (1998).
㉕ Holmstrom (1990).
㉖ 这是由于个别用户根据自身利益独立行动，违背了所有用户的共同利益，导致对开放访问资源的过度消费。参见 Hardin (1968) 的开创性工作。

参考文献

Armstrong, M. (2006). Competition in two-sided markets. Rand Journal of Economics, 37 (3), 668—691.

Baye, M., Morgan, J., & Scholten, P. (2004). Price dispersion in the small and in the large: Evidence form an internet price comparison site. Journal of Industrial Economics, 52 (4), 463—496.

BEREC. (2016). Report on OTT services - BoR (16) 35.

Brousseau, E., & Curien, N. (2007). Internet and digital economics: Principles. Cambridge University Press.

Brown, J. R., & Goolsbee, A. D. (2002). Does the internet make markets more competitive? Evidence from the life insurance industry. Journal of Political Economy, 110 (3), 481—507.

Button, K. (2020). The "Ubernomics" of ridesourcing: The myths and the reality. Transport Reviews, Vol.40.

CMA. (2020). Case 50505.

Demsetz, H. (1967). Toward a theory of property rights. American Economic Review, 57 (2), 347—359.

Demsetz, H. (1998). Property rights. The New Palgrave Dictionary of Economics and the Law, 144—155.

EU Commission. (2016). Communication on online platforms and the digital single market opportunities and challenges for Europe - COM/2016/0288 final.

Evans, D., & Schmalensee, R. (2016). Matchmakers: The new economics of multisided. Harvard Business Review Press.

Filistrucchi, L., Geradin, D., & van Damme, E. (2013). Identifying two-sided markets. World Competition, 36 (1), 33—59.

Gorodnichenko, Y., Sheremirov, V., & Talavera, O. (2018, December). Price Setting in Online Markets: Does IT Click? Journal of the European Economic Association, 16 (6), 1764—1811.

Gray, B. (2016). Ubernomics: How to create economic abundance and rise above the competition.

Hardin, G. (1968). The tragedy of the commons. Science, 162 (3859), 1243—1248.

Holmstrom, E. (1990). Governing the commons: The evolution of institutions for collective action. Cambridge University Press.

Jo, Y., Matsumura, M., & Weinstein D. (2019). The impact of e-commerce on relative prices and welfare, NBER working paper.

Manganelli, A., & Nicita, A. (2020). The governance of telecom markets. Palgrave

MacMillan.

OECD. (1999). The economic and social impact of electronic commerce: Preliminary Findings and Research Agenda. OECD Publishing.

OECD. (2019). Unpacking e-commerce: Business models.

OECD Publishing. Rochet, J. C., & Tirole, J. (2006). Two-sided markets: A progress report. The RAND Journal of Economics, 37 (3) , 645—667.

Sundararajan, A. (2016). The sharing economy. MIT press.

Tapscott, D., & Williams, A. D. (2006). Wikinomics: How mass collaboration changes everything. Portfolio.

Varian, H. (1980). A model of sales. The American Economic Review, 70 (4) , 651—659.

第三章　建立欧盟数字单一市场

摘要：创建欧洲内部市场是欧盟机构的一个基本目标。因此，数字单一市场被认为是推动欧盟数字经济和社会的一个具有深远意义的优先事项。考虑到数字交易的全球性，理论上数字单一市场整合不应遇到巨大障碍，但事实上并非如此。此举障碍重重，国内一级的规则支离破碎，缺乏体系性，消费者普遍缺乏对在线交易的信任——特别是在跨国家进行时。欧盟决策者必须逐步解决这些障碍。《电子商务指令》(E-commerce Directive) 自 2000 年以来促进了电子商务的蓬勃发展，在该指令的基础上，在过去几年的时间里，欧盟制定了一些跨境数字政策，其中《地理封锁条例》（Geo-blocking Regulation）和《内容可携带条例》（Content Portability Regulation）是有意义的例子。

关键词：数字单一市场　跨境电子商务　地理封锁　内容可携带性

第一节　数字单一市场和《电子商务指令》

数字化转型和平台经济引发了涉及全球所有经济部门的多方面政策问题。在这种情况下，制定差异化和碎片化的国家数字公共政策将造成不可忽视的风险。此外，国家政策并不倾向于以系统的方式管理数字生态系统，而是以孤立的方式看待具体问题，通常通过制定政策和监管方案，将传统的监管经济学和消费者保护思想扩展到新的数字世界。

在过去的十年中，欧盟委员会一直致力于数字化转型，制定并实施旨在创建内部数字市场的定期数字战略。2010 年，欧盟委员会通过了《欧洲数字化日程》，[①]这是欧盟委员会欧洲 2020 战略（Europe 2020 Strategy）的七项旗舰举措之一，旨在实现智能、可持续和包容性增长。该项举措试图在欧盟层面协调公共政策，以保证在线活动的可及性。

2015 年推出的数字单一市场战略[②]旨在专门扫除欧盟跨境电子商务发展的主要障碍。今天，欧盟委员会将这一政策视为其首要政治优先事项之一，因为委员会强烈认为，这一政策的实现对于释放数字化转型和电子商务发展所带来的所有潜在利益是必要的，也有利于维持欧盟在世界经济中的地位。

数字单一市场可以定义为一个确保人员、服务和资本自由流动的市场。不论国籍和居住地，个人和企业都可以在公平竞争和高水平的个人数据保护下，无缝访问和参与在线活动。

数字单一市场战略的三大支柱是：

1. 通过以下方式为欧洲各地的消费者和企业提供更好的在线商品和服务：（1）促进跨境电子商务；（2）限制不合理的地理封锁；（3）使欧盟版权框架现代化（跨境内容访问）；（4）保护在线消费者权利；（5）加强数字服务（网络安全）和个人数据处理（数字隐私）方面的信任和安全。

2. 通过以下方式为数字网络和服务的繁荣创造适当的条件和公平的竞争环境：（1）确保全面互联；（2）鼓励对超高速网络的投资，加快 5G 无线技术的推广；（3）审查《视听媒体服务指令》（Audio-visual Media Service Directive），并使现有规则适应新的内

① European Commission (2010).
② European Commission (2015).

容发行模式；以及（4）为在线平台提供透明、开放和非歧视的监管环境，包括在删除非法在线内容方面。

3. 通过以下方式最大化欧洲数字经济的增长潜力：（1）解决非个人数据自由流动的障碍，以促进数据经济；（2）注重标准和互操作性；（3）通过发展信息通信技术专业化和公共电子政务计划，创造包容性的数字社会。

与数字单一市场框架一致，在过去几年中，欧盟机构制定并实施了一系列协调一致的政策，以系统的方式实现数字化转型。本书第六章第二节阐述了基于第三战略支柱（即数据战略）的一些政策行动。本书第五、六和七章阐述了在线平台监管环境的定义，这是本书的核心要素。③数字单一市场的第一战略支柱是许多政策的基础，这些政策与消除欧盟内部的法律和经济壁垒，以及消费者和数据保护规则有关，本书将在第三章和第四章对此进行阐述。

与第一战略支柱相关的欧盟立法基础是《电子商务指令》，④该指令可追溯到 21 世纪初，至今仍然有效。该指令旨在消除欧盟跨境在线服务中的障碍，并为数字经济运营提供法律确定性。《电子商务指令》在数字经济中的应用非常广泛，涵盖 B2C 和 B2B 交易以及免费提供的服务，即由广告和赞助资助。该指令不适用于传统的无线电广播和电视广播，其由《视听媒体服务指令》覆盖。⑤

58

《电子商务指令》的主要原则是：（1）自由地提供在线服务（第 3 条）；以及（2）自由地在欧盟境内建立在线服务提供商（第 4 条）。在欧盟成员国之间提供服务的自由被纳入了内部市场条款，这也确保了在线服务提供商受其所在成员国法律的约束，而不是受服务接入国法律的约束（"原产国"原则）。成员国不能限制提供在线服务的自由，除非

---

③　关于基于第二支柱的其他政策行动，即在线连接、鼓励部署超高速网络以及适应电子通信和视听媒体监管框架的数字化转型，参见 Manganelli and Nicita（2020）。

④　第 2000/31/EC 号指令涉及信息社会服务的某些法律方面，特别是内部市场中的电子商务。

⑤　第 2010/13/EU 号指令是关于协调成员国法律、法规或行政行动中关于提供视听媒体服务的某些规定，并根据不断变化的市场现实经第 2018/1808/EU 号指令修订。

此类措施是保护公共健康、公共安全和消费者所必需的。这些措施必须是相称的，并且必须通知欧盟委员会，欧盟委员会将控制这些措施与欧盟法律的兼容性。

为了营造一个值得信赖的在线环境，《电子商务指令》制定了以下统一规则：(a) 在线服务提供商的透明度和信息要求（第 5 条）；(b) 商业通信（第 6 条）；(c) 电子合同（第 9 条及其后）；以及 (d) 中介服务提供商（Intermediary Service Providers, ISP）的责任限制（第 12 条及其后）。

(a)(b) 和（c）一般涉及适用于所有在线服务的消费者保护规则（在本书第四章第三节展开论述），而（d）则特别关注在线中介的责任，以消除市场扭曲，促进跨境服务的发展。由于在线中介在数字经济中的重要性（参见第二章第二节），协调中介服务提供商责任的国内法规定是数字经济发展的关键一步。事实上，只有跨国一致的立法才能防止、处理非法行为，如侵犯版权规则、传播非法或有害内容、歪曲事实、不正确或虚假信息等。

至于《电子商务指令》的现行版本，其一般法律原则是，只有当中介服务提供商对内容和信息有某种形式的"控制"时，他们才可能承担责任。特别是该指令规定了一个普遍适用的特定责任豁免制度，该制度以互联网服务提供商开展的活动为基础：(A) 纯粹传输服务（第 12条）；(B) 缓存（第 13 条）；以及 (C) 宿主服务（第 14 条）。

关于（A），明确考虑了两种类型的纯粹传输服务：一是在通信网络中传输由服务接收者提供的信息；二是为通信网络提供接入服务。通过开展此类活动，中介服务提供商扮演着被动的角色，即仅仅充当第三方通过其网络提供的数据的"载体"。当仅进行纯粹传输服务时，《电子商务指令》授予中介服务提供商客观豁免，只要中介服务提供商：第一，不是首先进行传输的一方（即提供商不决定进行传输）；第二，对传输的接收者不作选择（即在用户发起传输请求时，中介服务提供商进行自动响应，被动选择接收者）；第三，对传输的信息不作选择或更改。责任豁免（B）是指缓存，其通常可以定义为旨在避免互联网饱和

59

52

的服务。只要传输以及提供接入的行为包括对所传输信息的自动、中间性和短暂的存储，服务提供商可以被豁免。最后，关于（C），即宿主服务，对于在客户拥有或租用的服务器上提供存储空间的服务，以及提供互联网连接（通常在数据中心）的服务的豁免。满足以下条件，服务提供商可以被豁免：（1）提供者对违法活动或违法信息不知情，并且就损害赔偿而言，提供者对显然存在违法活动或违法信息的事实或者情况毫不知情；或（2）提供者一旦获得或者知晓相关信息，就马上移除了信息或者阻止他人获得此种信息。

这意味着，该指令有意保护服务提供商免于检查和控制进入其网络的所有信息的义务，因为这项义务对于中介服务提供商来说是不可能的，或者过于繁重的（第15条）。不过，中介服务提供商有义务向主管当局通报涉嫌非法活动的情况。

至于中介服务提供商的责任体系，发布《电子商务指令》时没有考虑到当下发展出了强大的、充满活力的数字平台。这也是相关条款目前正在修订的原因，这些条款对数字市场的运作至关重要，修订是为了更好地应对数字市场的演变。《数字服务法案》提案，⑥包括在线中介服务的规则，会根据中介角色、规模和在数字生态系统中的影响进行区分，这将在本书第七章第五节进行分析。

尽管如此，到目前为止，通过建立一个技术中立的监管环境，《电子商务指令》促进了平台的繁荣，消除了跨境在线服务的障碍，确保了数字生态系统的顺利运行。

第二节　欧洲跨境电子交易

跨境电子商务建立在以下基本原则的基础上：建立单一市场，货

---

⑥　European Commission, Proposal for a Regulation on Single Market for Digital Services (Digital Service Act) — COM/2020/825 final.

物、服务和人员的自由流动、自由竞争、自由企业倡议。⑦这些基本原则出现在应用于数字环境的《欧盟条约》(EU Treaty)中。欧盟内部地理上设限，以及基于国籍或居住地的其他形式的歧视，被视为违反《欧盟条约》规定的原则。

由于数字化转型的加剧，电子商务变得越来越有活力，差异化也愈发明显。由于新的市场参与者（如在线平台）的出现，以及现有参与者扮演起的新角色，电子商务的一些早期障碍已被克服。对此，公共政策发挥了作用，其愈发将电子商务壁垒视为必须消除的关键障碍，以释放现代数字经济的增长潜力。⑧因此，如第二章第一节所示，在线销售公司的份额一直在不断增加，但许多公司仍然面临阻碍其进一步从事电子商务的问题，特别是通过在其他欧盟国家扩大电子销售，例如跨国投诉和纠纷、欧盟内部交货和退货成本高、语言技能有限，抑或是各国法规差异。在需求一侧，对称地出现了类似障碍，如日益缺乏对跨境电子商务的信任和信心，这阻碍了欧盟消费者从其他欧盟国家的公司购买服务和产品。

所有这些因素都有助于解释为什么 2019 年只有 8.9% 的欧盟公司和 21.1% 的欧盟消费者进行欧盟内部跨境电子商务。在过去几年中，销售海外产品的欧盟公司的比例保持稳定，尽管这些数字是长期增长趋势的结果，但仍旧不能够认为，欧盟自身大型内陆市场的潜在利益得到了充分开发。2015 年，只有 15.3% 的消费者和 7.8% 的公司从事跨境电子商务，欧盟估计，如果消费者可以在网上购物时选择全套欧盟商品和服务，每年可以节省 117 亿欧元。⑨

此外，从跨境活动占活跃在线买家和卖家的百分比来看，只有 45% 的公司和 35.2% 的个人与其他欧洲国家进行电子交易。这些数字更清楚

⑦ 设立自由和提供服务的自由保障了企业和专业人员在欧盟的流动性。参见《欧盟运行条约》第 26 条（内部市场）、第 49 至 55 条（设立权）和第 56 至 62 条（服务）。
⑧ OECD (2019).
⑨ Cardona, Duch-Brown, Martens (2015).

地表明，跨境电子商务如何受到跨境障碍的负面影响，而非一般性电子商务障碍的影响（参见图 3.1）。

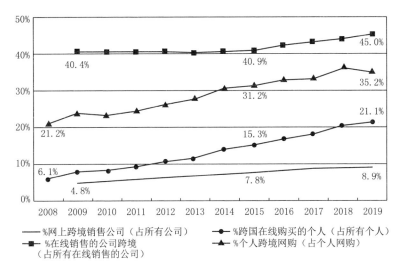

图 3.1 从事跨境电子商务的公司和个人（占所有公司和活跃于电子商务的个人）（来源：EC Digital Scoreboard 2020）

基于建设欧盟数字单一市场的目标，上文所述的情况被认为是问题重重的。因此，2015 年，欧盟机构在数字单一市场的第一战略支柱内确定了一些奠基性质的行动，旨在消除这些跨境欧盟内部壁垒。采取的主要行动旨在：

(a) 增强消费者对在线交易的信任和信心，这将对跨境销售产生更大的影响，即（a_i）修订在线消费者保护规则和（a_{ii}）加强数字服务和个人数据处理的信任度和安全度；

(b) 促进跨境在线市场动态，即通过（b_i）可负担的、高质量的跨境快递和（b_{ii}）降低跨境在线交易的增值税合规成本和管理成本来实现；

(c) 通过（c_i）防止不合理的地理封锁和（c_{ii}）通过在线内容在欧盟范围内的可携带性改善消费者的跨境服务准入，规范在线

62

服务和商品供应的细分。

至于消费者和数据保护规则（a）——数字市场社会的"基本"权利——将在第四章第二节和第三节中阐述。

跨境快递服务（b₁）是跨境电子商务的一项关键服务，因为在线销售欧盟不同成员国之间的货物，将不可避免地涉及第三方快递服务提供商或垂直整合的在线零售商。[⑩]2018年，所有产品的欧盟跨境价格相比国内交货价格平均高了3至5倍。事实上，在希望从事在线销售的公司中，有62%的公司认为高昂的交付成本是一大问题。这些数据都是欧盟跨境电子商务发展，以及欧盟数字单一市场整合的明显障碍。因此，2018年，欧盟发布了跨境快递服务的新法规，[⑪]其目的是确保价格和条件具有更高的透明度，从而具有更高的可比性，并在欧盟网站上公布某些单件关税。透明度和可比性被认为可以释放积极的竞争动力，释放价格下行压力。此外，该法规加强了对跨境包裹递送的国家监管，要求国家邮政监管机构每年定期从快递公司收集信息，并对那些受普遍服务义务约束的服务进行溢价评估。

新的欧盟电子商务增值税规则将于2021年7月生效，其目的是消除欧盟公司，尤其是中小企业，从事跨境在线销售的一些非生产性管理成本，并重新为在欧盟市场销售的非欧盟公司建立一个监管公平的竞争环境。首先，大型在线平台有责任确保非欧盟国家的公司在其平台上对销售给欧盟消费者的商品征收增值税。此外，现有的针对非欧盟卖家小额销售（低十22欧元）的增值税免税政策已被取消，因为这导致了欧盟公司处在不公平的竞争环境中。最后，为了促进小微型在线企业的生

[⑩] 最大的零售商/市场平台亚马逊已经开始了与运输和物流的大规模垂直整合，这一事实证实了邮政服务对电子商务的重要性。在意大利，由于其物流活动，亚马逊不得不获得邮政服务提供商的授权，之后意大利电信、媒体和邮政监管机构电子通信与媒体局（AGCOM）以滥用邮政服务为由对该公司进行了制裁。同样，在2021年，意大利反垄断局（AGCM）制裁亚马逊（罚款超过11亿英镑），指控其滥用支配地位，利用其从市场到物流和运输活动市场的市场力量，使其服务优于竞争对手的服务。根据反垄断局的发现，亚马逊将其物流服务的使用与一系列关键利益联系在一起，以在其市场上获得知名度和更好的销售前景，例如其"Prime"标签。

[⑪] Regulation (EU) 2018/644 on cross-border parcel delivery services.

意，对跨境销售设立了年度增值税门槛（每年低于 10 万欧元）：在该门槛之下，向其他欧盟国家的在线销售被视为国内销售，只需向其本国的税务部门缴纳增值税。

第三节 消除地理封锁并允许内容携带

跨境电子商务的主要障碍之一是地理封锁，即根据互联网用户的地理位置限制对服务和内容的访问（或区别价格和其他提供条件）。用户的位置常常通过不同的地理定位方法来确定，例如 IP 地址、GPS、RFID（射频识别），[⑫]或者通过潜在客户自主提供的信息，例如邮政地址、银行账户详细信息和电话号码。

地理封锁的背后有不同理由。其中一些并非在欧盟层面受到约束，而是与遵守不同地域的规则有关，例如赌博、饮酒或未成年人保护；而其他理由则与网络安全方案有关，例如阻断恶意流量，或防止欺诈。然而，大多数地理封锁是出于商业原因，例如，受地域限制的版权，特别是针对优质视听媒体内容的版权，以及旨在在欧盟内部市场进行商业细分的纯商业策略。

商业实践中，网络卖家以几种不同的方式实施地理封锁，例如限制其他欧盟国家网页界面的功能，或限制对其在线界面（主要是网站）的访问；限制对服务和货物的获取（例如不向国外发货，或限制向国内客户提供纯电子服务）或基于地理因素的歧视性支付形式（例如不接受另一个欧盟国家的银行信用卡）。

在 2015 年的一项评估中，[⑬]欧盟委员会发现，63% 的欧盟零售商网站采用了某种形式的地理封锁做法，不允许购物者从另一个国家进行在

---

⑫ RFID 是一种远距离传输、识别和验证信息的技术，通过射频进行信息的识别和交换。各种不同的卡使用 RFID，例如非接触式或电子访问卡。2009 年，欧盟委员会发布了一项关于在 RFID 支持的应用程序中实施隐私和数据保护原则的建议（2009/387/EC）。

⑬ European Commission（2016）。

线购买（参见图 3.2）。

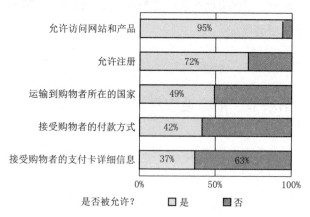

图 3.2　2015 年欧盟电子商务对欧盟跨境客户的许可(来源:EC 2016)

这是一个非常高的数字，与巩固数字单一市场的目标背道而驰。因此，2018 年通过了一项特定的"地理封锁"法规，[⑭]以打破欧盟数字单一市场中对在线销售的不合理地理障碍。特别值得注意的是，欧盟《地理封锁条例》的核心原则在于，在线卖家必须平等对待所有欧盟消费者，避免不正当的歧视，无论客户的国籍、居住地或内部市场的设立地点。该法规适用于在欧盟境内向最终用户销售商品或服务的所有公司（包括在线平台）。[⑮]

《地理封锁条例》明确规定了与欧盟跨境在线客户相关的三类行为，这些行为被认为是不合理的，即：

1. 限制访问网站（第 3 条），如（1）被禁止访问或使用网站；（2）被重新路由回特定国家的网站。

2. 对签订与在线商品和服务相关的合同的限制（第 4 条），例如（1）不允许在没有实物递送的情况下购买实物商品（卖方没有

[⑭]　第（EU）2018/302 号条例旨在解决内部市场中基于客户国籍、居住地或成立地的不合理地理封锁和其他形式的歧视。

[⑮]　因此，原则上，地理封锁监管不包括 B2B 交易。然而，这些规则也适用于 B2B 交易，只要它是在一般合同和准入条件的基础上进行的（即不是单独协商的），并且交易仅用于公司自己的最终用途（即无意转售、改造、加工、租赁或分包）。

义务向所有欧盟成员国提供送货服务）；（2）不得购买或以与当地客户相同的条件购买电子服务或商品（例如纯在线服务：云服务、防病毒、数据仓库或网站托管）；（3）对在特定地理位置提供的服务（如音乐会门票、博物馆门票、度假住宿租赁、汽车租赁服务）实行基于地域的价格歧视。[16]

3. 对支付方式使用的限制（第 5 条），例如，必须使用某个国家的借记卡或信用卡支付。[17]

《地理封锁条例》中，最重要例外涉及零售金融服务、[18]视听内容和其他电子形式的受版权保护的内容。至于提供非视听内容（如电子书、音乐流媒体和下载、软件和视频游戏），提供商仅受第 3 条的约束，因此提供商不能在地理上禁止或限制对其在线界面的访问。[19]相反，视听媒体服务完全不在《地理封锁条例》的限制范围内。

67

在这方面，根据 2019 年的一项调查，[20]超过 15% 的网络用户在另一个欧盟国家寻求跨境访问内容，其中大部分是视听媒体服务内容。自 2015 年以来，这一数字几乎翻了一番，呈现出非常剧烈的增长趋势。根据这项调查，视听媒体服务内容是欧盟各国最受欢迎的在线产品，也是最受（合法的）地理封锁做法影响的内容。这都是由优质视听媒体内容驱动的，这些视听媒体内容已被排除在《地理封锁条例》的适用范围之外，目的是不必完全牺牲内容版权持有人的经济利益，即出售针对视听媒体服务内容的、受地理限制的商业性使用权，以最大化其整体利益。

事实上，在涉及版权保护的情况下，对地理封锁的监管必须在相互冲突的利益之间找到平衡——版权持有人能够对其知识产权进行"属地

---

⑯ 这些限制并没有迫使公司在所有欧盟国家销售和实施价格标准化，因此，只要公司向某些特定的客户群体提供报价，就可以通过不同的网站为某些欧盟地区提供特定的报价/促销，这些报价必须在非歧视的基础上进行。

⑰ 这并不影响公司自由选择接受哪种支付方式。然而，当差别待遇是由于客户的国籍、居住地或设立地、支付账户所在地、支付服务提供商的设立地或支付工具的签发地造成的时，公司不得对支付交易适用不同的条件。

⑱ 关于抵押贷款、开立银行账户和购买跨境保险，都有相关规定。

⑲ 如果受版权保护内容的提供者从事跨境电子商务，其不能在地理方面歧视电子支付方式（第 5 条）。第 4 条规定的对获得服务和货物的地域限制的禁止根本不适用。

⑳ Flash Eurobarometer 477b (2019).

管理"与欧盟（跨境）消费者也能对数字单一市场中视听媒体服务进行开放和竞争性访问，这两方的利益都应得到法律保护。欧盟应对这一复杂政策权衡的方法在于，一方面将视听内容和其他受版权保护的内容排除在《地理封锁条例》的范围之外，另一方面，采用其他政策工具来平衡消费者对更开放、更具竞争性的欧盟数字单一市场的兴趣。这些重新平衡策略包括：

1. 视听媒体服务部门特定准则的更新，[21]该准则协调欧盟范围内所有视听媒体内容的国家立法，包括（1）传统电视广播（线性服务）和（2）点播（非线性）服务，以及（3）视频共享服务的某些方面。修订后的指令总体上解决了传统"电视和视听内容交付"部门的数字化转型问题，并通过促进欧洲作品和保护文化多样性，推动跨境访问视听服务。

2. 一项关于在线内容跨境可携带性的创新法规，[22]《内容可携带条例》允许欧洲消费者在其他欧盟国家旅行时，使用其在线订阅的电影、体育赛事、电子书、电子游戏或音乐。特别值得注意的是，它适用于（1）视听媒体服务或其他内容提供服务，[23]（2）其是便携的，无论用户位于何处，都可以从技术上访问，（3）通过互联网合法[24]付费，[25]（4）被合法提供给正式居住在欧盟成员国，并暂时居住在另一成员国的消费者。[26]事实上，"可携带"的一个重要前提条件是确定订户在另一个成员国的临时居住，这反过来意味着（在签订服务合同时）对订户居住地进行验证。可携带性必须以非歧视的方式实施，即视听媒体服务提供商不得以任

68

---

[21] Directive 2018/1808.

[22] Regulation 2017/1128/EU, on cross-border portability of online content services in the internal market (Portability Regulation).

[23] 这是以提供对受版权保护的内容的访问为主要目标的服务，无论是以线性模式还是非线性模式。

[24] 内容符合知识产权。

[25] 该规定并不自动适用于免费提供服务的提供商（如公共电视或广播公司的在线服务）。然而，免费服务提供商可以决定接受（选择加入）《内容可携带条例》的约束。

[26] 这必须使用第5条所列的11个验证标准中的两个（即识别借记卡或信用卡卡号账单地址等）。

何方式改变、降级或区分跨境使用的在线内容服务的价格、质
量、范围或交付质量。

《内容可携带条例》的重要性必须在新形式的视听和音乐内容消费
的发展（例如，通过不同的设备和以不同的方式）之背景下解读，此种
新形式已经极大地改变了对这些内容的需求特征。2016 年，在该法规颁
布之前，64% 的欧洲人使用互联网玩或下载游戏、图像、电影或音乐，
而且他们越来越多地使用移动设备。事实上，互联数字市场的特征之一
是"在任何地方"消费"任何东西"的可能性和动力。

69

从经济角度来看，《内容可携带条例》解决了知识产权与合同关系
中低效设定的问题，这种低效的设定限制了消费者的利益，也没有为版
权持有人带来任何额外利益。换言之，版权规则针对服务提供商，在地
理基础上限制其商业权利，例如，服务提供商可以在 A 国销售的内容，
不能由同一服务提供商在 B 国销售。从经济效率的角度来看，不应将这
些限制转移到该内容服务提供商与其客户之间的合同关系中，这些客户
在 A 国合法购买了该内容供其个人使用，却也被限制在 B 国临时停留
期间使用该内容。

即使考虑到版权人可能希望实施地域歧视，以便根据不同成员国不
同的平均可付费性来区分供应率,[27]这种效率理由也不会受到"可携带
性"的任何影响。这是因为暂时在 B 国消费的人，其购买是根据 A 国制
定的规则进行的，并且，其支付的价格反映了合同执行所在地理区域的
平均支付意愿。换言之，下游消费的地理差异根本不会影响上游知识产
权的地理差异及其经济价值。

不允许"携带"的唯一正当理由可能是：（a）地域差异消费的任何
增量成本；（b）用户可能的道德风险或机会主义（他们"假装"居住在
价格较低的国家，或拥有更广泛的可用内容，而最终在另一个国家，即

㉗　从经济角度来看，如果需求是异质的，例如不同地理区域的支付意愿不同，那么
同质商品和服务的地理差异往往是合理的，并且被认为是有效的。在这一假设中，与平均
价格不同的差异定价允许有效的价格歧视，与考虑平均价格时分配的数量相比，通过将不
同数量的商品和服务分配给具有不同支付意愿的不同消费者。

70 其真实居住地，进行消费）；（c）可能实施"套利盗版"（arbitrage piracy）行为，即以较低的价格在该国购买，以便在另一个国家以较高的价格非法转售。

至于（a），这个问题在数字世界似乎不可能，因为在数字世界中，边际成本和分销成本都接近于零。在任何情况下，（a）都可以通过向客户转移增量成本来轻松解决，甚至可以加强价格差异。有几项措施可以防止（b）这种机会主义行为，例如，当涉及有条件准入时，在其他国家设定最高消费门槛，一旦达到该门槛，就会限制"可携带性"。[28]最后，关于（c），即地理封锁和"套利盗版"之间的关系，事实上，其产生的动机和打击规则完全独立于可携带性。

总之，内容可携带性并不妨碍版权人提高地域歧视的潜在效率，尽管这可能会间接阻碍每个成员国授予在线内容的专属地域许可。在消费者方面，内容可携带性很可能会增加内容的感知价值，并且很可能急剧促进欧洲公民在数字单一市场中的需求，同时提高欧洲公民的流动性。

2019年（新规则实施一年后）的一项调查[29]充分支持了这些设想，该调查强调了内容可携带性给欧洲消费者带来的好处。调查显示，41%使用互联网访问内容的人付费订阅了电影、连续剧或电视（不包括体育）等视听内容，26%的人订阅了音乐，而2015年，视听内容的付费订阅率分别为20%和12%。根据这项调查，几乎50%的免费或付费订阅在线内容服务的欧洲人在访问另一个欧盟国家时使用过它。

71 最后，值得再次强调的是，旨在消除建立和巩固数字单一市场障碍的所有规则，也旨在保护和增强欧盟消费者的能力。在线市场，特别是跨境在线市场，需要扩展和巩固的用户是知情的、自信的和被授权的用户（参见第四章第二节）。事实上，这两个目标是协同作用的，并且，

[28] 类似于国际漫游法规第531/2012号条例中关于在欧盟内公共移动通信网络上漫游的商业设置。该法规确立了"在家漫游"（RLAH）规则，该规则要求终止零售漫游费（出国旅行时的费用差异），同时确保公平使用和可持续性政策，特别是对于数据流量，即漫游数据门槛。

[29] Flash Eurobarometer 477a（2019）.

这两个目标对于在数字市场中建立一套有效的基本权利都至关重要。

参考文献

Cardona, M., Duch-Brown, N., & Martens B. (2015), Consumer perceptions of (Cross-border) eCommerce in the EU Digital Single Market. EC Joint Research Centre.

European Commission—COM/2020/825 final—Proposal for a Regulation on a Single Market For Digital Services (Digital Services Act).

European Commission. (2009). Recommendation on the implementation of privacy and data protection principles in applications, 2009/387/EC.

European Commission. (2010). Flagship initiatives of the Commission's Europe 2020 Strategy for smart, sustainable, and inclusive growth.

European Commission. (2015). Communication: A Digital Single Market Strategy for Europe‐COM (2015) 92 final.

European Commission. (2016). Geo-blocking practices in e-commerce. Issues paper presenting initial findings of the e-commerce sector inquiry conducted by the Directorate-General for Competition, SWD 70 final.

Flash Eurobarometer 477a. (2019). Accessing content online and cross-border portability of online content services.

Flash Eurobarometer 477b. (2019). Cross-border access to online contents.

Manganelli, A., & Nicita, A. (2020). The Governance of telecom markets. Palgrave Macmillan.

OECD. (2019). Unpacking e-commerce: Business models. OECD Publishing.

第四章　欧盟的数字基本权利

摘要: 数字权利的定义对于决策者来说是一项艰巨的任务，这是因为数字平台之间存在信息和制度不对称，而且这些平台制定了自己的规则，并逐步建立了私人法律秩序。然而，事实证明，公众干预对于数字市场社会的公平和有效运作至关重要，特别是在以下方面：电子商务和在线服务中的消费者保护、对网络及其内容的普遍和非歧视性访问、在线隐私和数据保护，以及网络安全和互联网的安全使用。

关键词: 数字基本权利　互联网法律秩序　消费者保护　数字隐私

第一节　互联网规则和法律秩序

今天，我们的活动、我们的身份和我们的大部分自我都是基于网络的。网络是个人和集体参与社会的基本要素。因此，互联网用户的新的基本权利和"宪法"权利是过去十年政策和监管辩论的重点。

欧洲的数字市场社会植根于欧盟基本法律，特别是《欧盟条约》《欧盟运行条约》《欧盟基本权利宪章》（Charter of Fundamental Rights），确保充分尊重欧盟基本权利，例如：（1）言论自由，包括获得多样化、可信和透明的信息；（2）在网上建立和开展业务的自由；（3）保护个人数据和隐私，以及被遗忘权；（4）保护在线空间中个人的知识创造；（5）在安全和可信的在线环境中普及互联网服务，消费者受到保护/授权，权力不对称得到控制。在此基础上，2022年1月，欧盟委员会向欧盟议会和理事会提出了一项《数字权利和原则宣言》（Declaration on Digital Rights and Principles），旨在指导数字化转型，围绕上述欧盟价值观和基本权利塑造数字化转型，从而为欧盟公民、公司和政策制定者就当前和未来数字生态系统中的数字权利和义务提供明确的参考点。宣言中的数字权利和原则分为六个主题：（1）将人民及其权利置于数字化转型的中心；（2）支持团结和包容（即向每个人提供互联网、数字技能和数字公共服务）；（3）确保在线选择的自由（即增加公平性和透明度）；（4）促进参与数字公共空间；（5）提高个人的安全、保障和赋权；以及（6）促进数字未来的可持续性（即通过调整数字和绿色转型）。①

　　尽管如此，在谈论基本数字权利之前，有必要谈论法律秩序（legal orders）或法律排序（legal ordering）。法律秩序是一系列规范，包括（a）定义权利和义务的规范（初级规则），以及（b）关于创建、修改和执行主要规则的权限、权力和程序的元规范（次级规则）。换言之，（a）规定了网络中的注意事项的道义规则，（b）关于谁或什么定义了注意事项，以及谁来执行和如何执行这些事项的组织规则。这些次级规则允许初级规则"构成一个统一体，并……具有相同的有效性基础"。②因此，法律秩序也是一种法律排序，这是一套连贯有序的法律规则，按照拉丁语格言 ubi societas ibi ius（有社会的地方就有法律），对社会的生活进行规范（以社会期望的秩序）。75

　　法律秩序直观地与国家和公共权力联系在一起，因为（1）国家拥有最高和主要权力，但受特定领土（国家主权）的限制，以及（2）国家

① EU Commission (2021) and EU Commission (2022).
② Kelsen and Paulson (1982). 这篇文章反映了凯尔森（Kelsen）在他最后一篇完整的陈述《纯粹法律理论》（Pure Theory of Law, 1960）中更详细地发展起来的学说。

是一个强制性组织，这意味着作为公民和受其规则的约束不是个人的选择（有些例外）。然而，根据宪法和法律多元主义，国家的主权和强制性并不排除其他法律秩序的存在。③其中一些，即所谓的衍生机构，其权力来自国家本身，即地方公共机构或通过国际条约建立的超国家组织。其他一些是原始的法律命令，基于成员同意属于同一实体而不是通过权威权力建立和管理社区。④显然，这些私人原始法律秩序约束了介于公共法律规则（如果有的话）之间的自由空间，私人实体和个人无论如何都必须遵守这些规则。

基于共识的成员资格并不意味着私人秩序不能有一个负责执行其（私人）规则的机构，相反，一个专门的制度体系将法律规则（和法律秩序）与社会规范（和社会秩序）区分开来。与法律规则的公共执行者（例如政府）不同，私人执行机构不能强制成员采取某种行为：私人法律秩序本质上是非强制性的。然而，当一个人不遵守其规则时，私人执法者可以应用私人社区的规则，将该人排除在该社区之外。例如，协会董事会可以开除一名成员，因为他多次违反协会法定规则。有时，加入某个社区是满足某种需求或开展某种活动（例如，律师协会、篮球联合会等）的唯一（或最有效/最简单）方式。因此，在这种情况下，社区成员基本上受到该法律秩序的私人规则和制裁的约束，这些规则和制裁在实质上是有效的。必须强调的是，这种效力（除了自发遵守规则之外，这可能是普遍的）是基于上述排除的可能性，而排除可能性的效力是基于公共法律规则，从而基于国家的权威权力。⑤

此外，私人法律秩序作为所有集体和个人私人实体，通常不受领土

___

③　Romano (2017).
④　值得注意的是，基于社会契约理论的国家学说也取决于个人之间的共识，从而建立政治秩序。然而，首先，这是一个虚构的事实，因为历史上所有公民之间从未发生过这样的合同和协议。其次，社会契约通常包括统一协议（人与人之间的加入协议）和服从协议（人对政治法律秩序的服从协议）。第二个要素意味着权威权力和不可退出该秩序，这在合法的私人秩序中是不存在的（而在基于自主非法使用胁迫的非法秩序中可能存在，如分级结构的犯罪组织）。
⑤　事实上，法律秩序越是复杂和结构良好（即社会的一个要素），并且随着时间的推移而持续，它就越试图通过游说推动政策制定者将其主要规则纳入国家法律，从而通过权威国家的权力对这些规则进行更广泛和直接的保护。

限制，但根据其所在地（即实体的成立地或成员的居住地），它们显然受制于公共权威。这意味着：（1）私人实体可以从一个国家迁移到另一个国家，改变居住/设立地点，因此，在一定程度上可（根据更方便实现其目标的情况）选择国家的管辖权；（2）私人实体可以将其活动和私人规则扩展到国家边界之外，这意味着私人实体可能必须遵守不同的公共规则，因此，跨国（多国）私人法律秩序必须要么定义一套在每个相关国家都合法的共同规则，要么逐个国家区分其规则。

具体来看数字市场社会，它的规则和法律秩序有几个未定义的细微差别。谁制定了适用于网络的规则，谁制定了用户的"数字权利"？有私人法律秩序吗？这种私人秩序受国家法律管辖吗？哪一个国家？

在这方面，很大一部分公众舆论认为（并且在一定程度上仍然认为）互联网和网络是一个在任何情况下都应保持个人自由的场所，因此，它是一个不受（外部）公共规则约束的场所。在这个愿景中，互联网应该有自己的规则，建立一个独立的法律秩序。互联网和网络被认为是最新的世界，是新发现时代的新空间，是一个网络空间，在那里，新的先驱可以找到新的自由、新的权利，并制定新的规则，而不受旧世界的遗产、权力、机构和人民的影响。

事实上，这里的主要事实是，数字生态系统的发展没有专门的（公共）监管。这使它成为创造力和创新的理想场所，实际上是一个宝贵和无尽的想法、内容、动机和机会的集合。当互联网和网络是原子化的去中心化系统时，规则是由小角色的去中心的互动产生的，例如所谓的"网络礼仪"，这是一套由社区强制执行的习惯规则，只是通过给违规行为加上污名。

这一愿景自发地试图采取社会契约的形式，通过"网络空间独立宣言"，其中规定："工业世界的政府，……你们没有统治我们的道德权利，你们也没有任何我们有真正理由害怕的执行方法……你们不知道我们的文化、我们的道德，或者那些已经为我们的社会提供了比你们的任何强制行为都更多的秩序的不成文的准则……我们正在形成自己的社会

77

67

契约。这一治理将根据我们世界的情况，而不是你的情况。我们的世界是不同的。"⑥

不久之后，这一愿景也采取了一种中立的（非基于政策的）技术官僚方法，算法和其他自动影响用户选择的编码系统被视为"法律的客观来源"。⑦"我们的选择不是在'监管'和'无监管'之间，因为代码在替我们进行监管。代码将实现或不实现价值，保护或妨害价值，保护隐私或加强监控。人们会选择代码如何完成上述监管过程，因为是人在写代码。因此，所谓的'选择'不是由人们来决定网络空间如何监管，而是由编码人员来决定。换言之，人们唯一的选择是，我们是否会集体参与编码人员的选择，从而决定这些价值观如何规范，或者我们是否会集体允许编码人员选择我们的价值观。因为有一点是显而易见的：当政府靠边站时，并不是没有东西可以替代它——因为私人利益并非无利益，私人利益也并非没有追求的目标。"⑧

"网络空间独立宣言"是一个伟大的理想乌托邦，但它不可能被翻译成具体的术语。与此同时，计算机代码可以代表主权的客观行为的说法仍然是一个极其模糊和抽象的概念，也引发了人们对代码可能被用来否定个人基本权利和自由的担忧。⑨

当然，如果没有任何公共规则（或没有有效的公共规则），任何社会中个人自由的空间几乎是无限的。然而，随着时间的推移，公共（国家）规则和干预的绝对缺失极有可能导致"丛林法则"或"自然状态"的衰落，如生物学和行为学中的情况一样，每个自利实体（个人、公司）都在进行"一切人反对一切人的战争"。⑩事实上，通常情况下，私人机构并不平等，因为不对称的力量（物质或经济）是社会和市场的正常环境。事实上，公共干预，寻求社会所期望的公平，正是为了平衡这

---

⑥ Barlow (1996).
⑦ Lessig (2000).
⑧ Lessig (2006).
⑨ Wu (2009).
⑩ Hobbes (1651).

些不对称。

在新的数字世界中，权力的不对称分配也变得明显。网络被认为是一个自由的地方，假设一旦公共权力被排除在外，就没有任何私人权力的空间。然而，当网络治理发生巨大变化时，这种浪漫的愿景被证明是有缺陷的：从一个由小经营者和分散的参与者组成的网络变成了一个高度集中的系统，其中虚拟网络和社区由大型（全球）网络参与者集中管理。为运营其业务而定义、与对应方签订合同并实施的规则，例如平台服务条款，开始成为治理政策，例如关于社交网络上允许哪些内容和用户的政策。从法律上讲，这些规则是用户和提供商之间的合同规则，也是管理用户之间关系的规则，通过自由和知情同意的表达自愿接受服务。实质上，这些规则构成了在普遍不对称的讨价还价、市场和社会权力背景下制定的社区规则，平台有具体的可能性来定义和执行其平台服务条款，这构成了所谓的"平台法"。[11]也就是说，平台不是法律的接受者，而是法律的来源：私人法律秩序中的规则制定者。[12]

为了保持"社会契约"叙事，这一过程可能被视为洛克（Locke）的"自然状态"，[13]由小经营者组成，在道德上受互联网"自然法"的约束，而后者规定了霍布斯（Hobbes）式的社会契约，赋予平台绝对的规则制定权，通过围绕所有权利和自由（而不仅仅是洛克理论中维护自然法所需的权利）。这创造了一个不受任何（私人或公共）约束的私人法律秩序，一个虚拟的利维坦（或少数几个，将网络空间划分为准主权领域）。当然，在霍布斯的理论中，这一愿景也是"法律虚构"（fictio iuris），旨在为无约束权力的事实状况的发展提供（事后）法律依据。这种私人法律秩序（a）不受（或实际上不受）公共规则的约束，因为数字

79

---

[11]　Kaye (2018).
[12]　Belli and Venturini (2016).
[13]　Locke (1689).洛克的观点与霍布斯的截然不同，他认为，自然状态是"黄金时代"，是"和平、善意、互助"的状态，是每个人都能按照自己认为合适的方式（只要不侵犯他人的自然权利）安排自己生活的"完美自由"的状态。

世界的监管能力有限;⑭并且（b）不需要依赖"传统"公共执法机制，也考虑到将单个用户从社区中实质性（强制）排除，因为平台有能力（即物质力量）将个人排除在其社区之外，因为"在网络空间中，虚拟强制确实有效"。

至于国家有限的监管能力（a），它取决于与公共机构和数字平台之间的关系相关的两个主要因素：第一，明显的信息不对称，由于持续快速的技术创新，导致公共机构在理解数字市场动态和平台内部技术功能（即平台和算法作为黑匣子）方面始终落后；第二，公共决策的制度设计，传统上是在国家层面制定和实施的，而数字平台（以及更广泛的数字参与者）具有全球性，使得监管机构很难从中获取信息，有效地设计和实施仅适用于平台行动/用户子集的监管框架。⑮

至于（b），这是数字私人秩序中最独特和有趣的方面。例如，直接将用户排除在虚拟社区之外，或阻止用户使用某些服务的实际有效权力，其标志着一种不需要任何公共干预的法律秩序。此外，这种最终不是基于公共干预或规则的权力可能有效地适用于超出每个国家管辖范围的跨国关系。因此，公共规则的缺失不仅对数字世界中留给私人实体的自由领域产生了影响（不考虑私人权力不对称），而且也为数字私人法律秩序提供了扩大其虚拟权威权力和机构的可能性。

就其本身而言，这一结果并不违反法治原则，因为从法律角度来看，当政策制定者不进行监管时，这意味着其选择不进行监管，即不进行监管本身就是一种政策选择。⑯

私人秩序永远不会取代合法的公共秩序。事实上，国家可以（1）正式承认私人法律秩序，甚至明确授权其管理在市场和社会的某

---

⑭　监管能力的概念基于公共机构施加有效义务的形式和实质能力，在市场和社会中创造有效的结果。关于一些例子，参见 BEREC（2013）和 OECD（2009）。

⑮　Goldsmith and Wu（2006）.

⑯　数字市场更是如此，因为有一种既定的政策方法旨在使其不受监管，至少在短期内是这样，目的是为了避免监管干预的风险，不过这可能会阻碍这种快速发展的市场的创新。

些部分或分区中发生的某些互动，或者（2）不认为这些私人规则和秩序是相关的，从而使自由领域不受公共规则的约束。⑰在过去的几个世纪中，有许多例子表明，要么明确授权私人秩序执行某些规则制定或执行任务，以利用其理解和管理自己社区的能力，⑱要么选择在国家规则之间的各种背景下出现的私人监管决定和执行机制。⑲

81

任何一种形式都是宪法和法律多元主义方法的表现，其中私人法律秩序可以与国家法律秩序共存。然而，这两种形式的法律多元化本质上是不同的，因为私人实体的自由领域采取不同的形式。事实上，法治和合法性原则的基础是"合法行动"领域（私人主体在其中活动）和"合理行动"领域（公共主体在其中行动）之间的根本区别。当私人机构被公共权力授权代表它们行事时，私人机构必须在合法行动的范围内行事，这意味着其只能做法律赋予并授权其的事情。反之，私人主体可以合法地做其不被禁止的事。

这意味着，在没有任何公共授权的情况下，私人实体的行为必须在基础合同关系框架中进行评估。因此，缺乏主要公共规则，试图追求公共利益和公平目标，可能会导致强者不受约束地行使经济和市场权力，而弱者则缺乏保护。

这一结果可能反过来导致：

(a) 个人受到私人规则的约束，他们已经通过合同接受了这些规则，但却是在信息和议价能力的不对称失衡令人难以置信的情况下；和

(b) 私人服务事实上转变为"基本（公共）服务"或"具有一般经济利益的服务"，其是行使某些宪法保护的权利所必需的，没有任何法律授权或特殊权利转让。

至于（a），私人秩序规则，如平台服务条款，是单方面起草的标准

---

⑰　国家的法律秩序也可能认为私人秩序是非法的（即犯罪组织），并将其与合法使用武力进行对比。

⑱　MacCormick（1999）.

⑲　Cafaggi（2004）；Zumbansen（2013）.

合同条款，其可执行性完全取决于中介的行为。根据私人权力的不对称平衡，这种单方面定义和实施合同规则可能会带来不公平的后果。为此，对平台服务条款表示同意成为一项基本行动，允许中介机构根据合同关系部署其私人秩序，假定个人可以自由和充分知情地进入合同关系。然而，这一结果"仅在不存在任何会破坏合同自由所依据的基本主张的市场失灵的情况下才成立"。[20]因此，消费者用户保护和授权规则的定义至关重要，这些规则（相比传统市场和社会环境中的规则更）是数字市场社会秩序的基本权利（参见下文第四章第二节、第三节和第四节）。

至于（b），这可能会使平台的行动模式（位于合法行动范围和合理行动范围之间）及其性质和目标（即公共与私人）之间产生混淆的重叠。例如，根据宪法权利保护，而不仅仅是当事方之间的合同纠纷，来考虑因违反合同条款而排除和中断提供服务的问题。[21]事实上，这里的问题归根结底是市场力量意义上的私人力量，即"企业的经济实力地位……赋予其独立于竞争对手、客户和最终消费者的行为能力"。[22]当一个人认为将其排除在拥有少量用户和服务的平台之外不可能被视为侵犯个人基本权利时，这一点就变得清晰了。换言之，只有当平台的规模和范围与市场和社会的规模和范围相似时，它们的服务才能变得"必不可少"，规则才能变得"具有约束力"。因此，如果问题是市场、经济和议价能力，那么正如欧洲政策制定者所建议的（参见第五章、第六章和第七章），将重点放在规则、公共规则上是正确的，这些规则涉及不失真和公平的竞争动态以及消费者赋权，将平台置于合法行为的私人领域，受到公共监管，从长远来看，这很可能是对其经济和市场力量建立有效限制的一个适得其反的因素。[23]

在这一背景下，显而易见的是，公共政策的选择不（再）是在管制

---

[20]　Elkin-Koren（1997）.

[21]　在这方面，意大利法庭就脸书将极右翼政党（即 Casa Pound 和 Forza Nuova）排除在其服务之外一事作出了两项相互矛盾的裁决。

[22]　European Court of Justice, 13 February 1979, Case 85/76, Hoffmann-La Roche, para. 38.

[23]　Srnicek（2017）；more generally, Srnicek（2016）.

或不管制之间，而是在不同类型的法律秩序之间，私人还是公共（或两者的结合），即公共干预的不同范围和程度，以及因此留给私人实体的自由范围，其可以被配置为少数（平台）的权力和许多（用户）的服从。

事实上，今天，公众舆论和政策制定者都意识到，互联网的某些方面必须受到公共规则的定义和监管，例如保护消费者和平台的市场力量。此外，消费者必须被赋予权力，以制衡和约束在线平台的经济力量，并（再次）朝着数字市场社会更加分散的功能发展。

更一般地说，一些人认为公共机构应完全恢复其管辖范围内的所有规则，而另一些人则倾向于根据法律和宪法多元主义采取更平衡的做法，[24]在这种情况下，全球私人法律秩序可以与国家法律秩序共存。后一种情况是公共当局和社会可以利用平台在数字市场社会中理解、预见和管理自己社区的能力。如果政策制定者能够定义以下几项，这可能会产生有效、公平的结果：（1）用户的基本数字权利；（2）有效的执法系统（例如，赋予监管机构足够的检查和审计权力），[25]以及（3）使权威权力更接近国家法律秩序，例如，通过某种方式制定规则，将互联网服务提供商和电信网络运营商纳入平台服务合同关系中，这些规则大多具有国家层面。

要在自然法的修辞中继续下去，一个充分、有效和公平的监管框架可以将虚拟的利维坦（根据霍布斯的理论）或科技巨兽（根据经济学家的理论："如何驯服科技巨兽"）转变为巨人，我们可以站在巨人的肩膀上，让未来变得不那么模糊。

84

第二节　访问安全可靠的数字生态系统的权利

公共干预对于数字市场社会数字生态系统的公平和有效运行至关重

---

[24]　MacCormick（1999）；Romano（2017）.
[25]　De Streel and Ledger（2020）.

要，尤其是在私人规则和私人权力普遍存在的情况下。互联网用户的权利是数字市场社会的基本权利和宪法权利，是构建欧盟数字单一市场的关键。

除其他外，这些权利涉及：（1）电子商务和在线服务中的消费者保护；（2）以普遍和非歧视的方式访问网络及其内容（或生成和分发自己生成的内容）；（3）在线隐私和数据保护；以及（4）安全可靠的网络和信息系统（即网络安全和网络弹性）。

正如所强调的，最终用户和消费者政策不仅仅是对个人权利的保护，而是具有系统性的层面。有权的消费者，在自由、理性和知情的选择中不受阻碍（内在或外在），可以（1）在市场中发挥惩戒作用，通过制裁他们选择的"坏"公司或服务，以及（2）在达成明确的、实质性的共识协议后，决定继续遵守私人规则，前提是他们将从中受益，成为自己利益的最佳守护者。

事实上，消费者在经济理论中的中心地位源于这样一种观点，即需求方在备选方案之间的无失真选择，是约束公司的市场力量以及在市场中为公司引入适当激励的最终力量。根据亚当·斯密（Adam Smith）的说法，"消费是所有生产的唯一目的；应该只在促进消费者利益的必要范围内关注生产者的利益"。[26]

这一概念符合理性经济人假设，即消费者和生产者都完全理性地行事，并最大限度地发挥自己的效用。这是一个理想的场景：事实上，消费者往往无法获取相关信息，甚至无法评估自己的（跨期）偏好，以最大化其效用，因为他们被有限理性、认知偏见和惯性所误导。[27]反过来，这种消费者理性有限的现实情况往往意味着公司提供的信息（即使是在法律义务下）并不能真正让消费者作出明智的决定。

此外，理性经济人范式是基于消费者的完美和完整信息。在这种理想情况下，不需要信任，因为完美的知识会产生高效的匿名交流。然

---

[26] Smith (1776).
[27] Simon (1955)；Thaler (1985)；Akerlof and Schiller (2009)；Allcott and Sunstein (2015).

而，在一个信息不完整或"信息过载"（这是网络经常造成的）的世界中，市场交易需要信任，而信任成为一种商品。在这方面，亚当·斯密还写道：只有存在信任，经济交流才有可能，因为"握手就是握手"。[28]

事实上，如第二章第二节所述，促进电子交易并使其对市场产生积极影响的条件，在很大程度上取决于企业能够在与合作伙伴和客户的关系中建立的信心和信任，就（1）个人对特定卖家的信心（例如，他们销售的商品的质量、他们的客户关怀、个人信息和数据的处理）和（2）对互联网和网络环境的系统信任（即对网络、电子支付系统等的安全性的信心）而言。

促进电子市场的信心，特别是消费者的信心，是一个至关重要的政策领域。可以制定不同的机制来增强信任：（1）其中一些机制是由市场本身直接提供的，即由中立的第三方中介机构、P2P 审查人员、价格比较网站提供的；以及（2）其他一些公共政策，即数字消费者保护、数据保护和网络安全。

在过去几年中，这两种机制都得到了发展。

关于网络安全，2020 年底，欧盟委员会提交了欧盟网络安全战略的更新，该战略涵盖了医院、能源网和铁路等基本服务的安全，以及快速增加的物联网对象的安全。该战略侧重于建立应对重大网络攻击的集体能力，并为与世界各地的合作伙伴合作创造条件，以确保网络空间的国际安全与稳定。该战略的主要行动是所谓的 NIS 指令，[29]该指令首次旨在确保欧洲数字网络和信息的高安全水平。提供"市场"服务（如亚马逊、e-Bay 等）、搜索引擎（如谷歌、雅虎等）和"云计算"服务的在线平台必须确保其基础设施的安全，并及时报告对其系统和其持有的数据安全的网络攻击。能源、运输和卫生部门以及银行系统的运营商也承担了类似的义务，国家主管部门将其确定为提供基本服务的"关键运营商"。NIS 指令还设立了欧盟网络和信息安全局（ENISA），该局的权力

[28]　Smith（1759）.
[29]　EU Directive 2016/1148 on security of network and information systems (NIS Directive).

75

和权限在 2019 年通过了所谓的欧盟网络和信息安全局以及信息和通信技术网络安全认证网络安全法案得到加强。③

在下图 4.1 中，很明显，影响数字消费者的主要负面事件（即病毒、欺诈、侵犯隐私）在过去十年中不断减少，但消费者的担忧和缺乏信任的程度没有按比例减少。

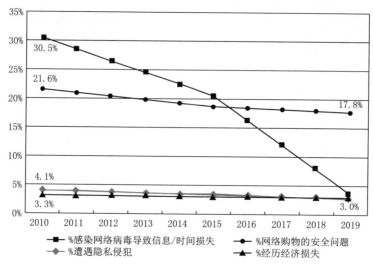

图 4.1　数字问题和数字感知的趋势（来源：EC Scoreboard 2020）

为了建立牢固的信任和自信，在线用户还应具备基本的数字技能，这应成为普遍享有的基本权利，以便所有人都能充分参与当今和未来的经济社会活动。③

事实上，促进数字交易和数字单一市场整合的另一个关键因素是数字素养，即抽象思维和实用技能，使数字技术、服务和互动能够得到有效的使用和理解。提高数字素养是一项直接的消费者赋权政策，因为数字教育既提供了数字技能，又以适当的方式塑造了对风险和机遇的文化认知。

87

─────────

③　EU Regulation 2019/881 on ENISA（the European Union Agency for Cybersecurity）　and on information and communications technology，cybersecurity certification.废除了 regulation EU N 56/2013—Cybersecurity Act。

③　EU Commission（2021）.

在下图 4.2 中，显示了 2020 年欧盟跨国比较，一方面结合了电子商务营业额（占在线和线下总营业额的百分比），表明了从事数字交易的倾向，另一方面，结合了至少具备基本数字技能的个人的百分比。[32]除了少数异常值外，很明显这两个选定的指标是正相关的，因此，数字素养较好的国家的电子商务营业额百分比也较高。

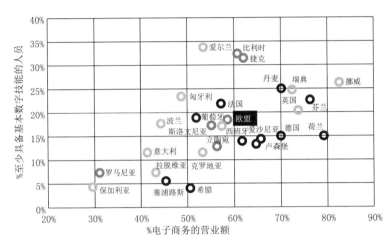

图 4.2　数字素养与电子商务营业额之间的相关性（来源：EC Scoreboard 2020）

事实上，数字化转型和技术创新推动了电子商务实践的发展。另外，创新电信网络的部署，以及随之而来的宽带固定和移动连接的广泛普及，是基于网络的电子商务发展的必要推动因素。电信网络是所有电子商务活动的设施骨干，因此固定和超高速宽带的覆盖范围和容量对于电子商务在消费者和中小企业中的传播至关重要。[33]

所有这些都是接入互联网的基本多方面原则的组成部分。由于互联网的使用被认为是数字时代人们社会和经济参与的一个基本要素，另一项基本权利涉及互联网的普遍接入。旨在使这种权利有效的政策必须包括：（a）部署超高速网络；（b）互联网服务提供商以适当的质量和可负

88

---

　　[32]　在以下四个维度中的每一个维度：信息、沟通、问题解决和内容创建软件（以前 3 个月开展的活动数量衡量）。

　　[33]　Manganelli and Nicita（2020）；OECD（1999）.

担的价格提供接入服务；以及（c）以非歧视方式获取和传播内容和信息，包括自行生成的内容和信息的能力。

虽然（a）和（b）分别指超高速宽带部署政策，[34]以及监管机构对电信网络运营商施加的普遍服务监管义务，但（c）代表了所谓"网络中立"政策的一面。[35]

事实上，无论是在美国还是在欧盟，网络中立性辩论都是在非歧视和普遍获取数字服务与内容的概念框架下展开的。根据这些原则，欧盟通过授予最终用户访问和分发信息、内容和服务的可执行权利，确立了其在《开放互联网条例》[36]中的地位。[37]事实上，根据《开放互联网条例》，互联网服务提供商必须"平等对待所有流量……不受歧视、限制或干扰，不考虑发送者和接收者、访问或分发的内容、使用或提供的应用程序或服务，或使用的终端设备"。[38]此外，该法规规定了互联网服务提供商的透明度义务，以及电子通信服务提供商的现有义务，[39]从而在电信公司和数字平台之间创造了更广泛的监管不对称和不公平的竞争环境。

与电子通信部门的普遍服务不同，《开放互联网条例》没有使那些应保证普遍接入的服务提供商，即内容和应用程序提供商承担监管义务，而是使互联网服务提供商（和电信网络运营商）承担。相反，一种更为对称的安排是，通过禁止数字服务和内容提供商歧视和拒绝最终用户的访问，扩大地理封锁法规的范围和理由。

在接下来的两节中，将关于消费者保护（第四章第三节）以及电子

---

[34] Manganelli and Nicita (2020), Sects. 2.1 and 6.
[35] Manganelli and Nicita (2020), Sect. 8.3.
[36] EU Regulation 2015/2120 laying down measures concerning open internet access (Open Internet Regulation, OIR).
[37] Article 3 (1) Open Internet Regulation (OIR).
[38] Article 3 (3) OIR. 然而，"合理"的日常流量管理做法是允许的，只要它们（1）透明，（2）非歧视，（3）相称，（4）不基于任何商业考虑，而是基于特定流量类别客观上不同的技术服务质量要求。法规还允许提供专业服务，这些服务被视为需要以特定的质量水平提供的服务，而标准的尽力而为是无法保证的。See, BEREC Guidelines on the Implementation by National Regulators of European Net Neutrality Rules, BoR (16) 127.
[39] Article 4 OIR.

隐私和数据保护（第四章第四节）的立法和政策作为个人权利和数字市场社会的组成部分进行描述和评估。这些欧盟立法仍然是迄今为止公共机构应用于数字环境的更完整的一套规则，数字世界的许多其他方面仍然由"私人监管"，而公共规则 [例如，《数字市场法案》《数字服务法案》《数据治理法案》（Data Governance Act）、《数据法案》（Data Act）]正在构建中。

第三节　消费者保护：核心价值观和对网络的适应

在过去几十年中，欧盟越来越重视消费者问题。事实上，根据《欧盟条约》的规定，欧盟制定了一项全面的消费者政策，将保护消费者作为欧盟的主要目标之一，这是欧洲项目的核心目标。[40]此外，信任和赋权的消费者是实质性建立欧盟范围的单一市场的条件，而商品和服务的自由流动没有任何内部障碍是欧洲项目的核心目标。[41]

数字化转型深刻影响了经济和社会，改变了消费者之间以及与在线中介的互动方式。这些变化中的大多数都是非常积极的，仅举几个例子：消费者选择的增加、产品和服务的可比性增强、更智能的合同流程、随处可见的数字化内容、交易和搜索成本的降低、个性化产品和服务。其他一些变化可能产生负面影响，如信息不对称加剧和披露不足、误导性和不公平商业行为增多、消费者欺诈增多、缺乏跨境执法和争端解决。[42]

如果消费者保护已经成为构建和巩固内部市场的一项基本立法，那么在数字世界中，它就更具决定性，因为（1）只有受保护的消费者才有信心并能够信任在线交易；（2）有必要纠正固有的消费者对卖家、产

91

㊵　Under Article 169 TFEU.

㊶　保护消费者是维护欧盟内部市场的重要组成部分，建立和保护欧盟内部市场是《欧盟运行条约》第 26 条和第 114 条规定的目标。

㊷　OECD（2019）.

品和购买方式的信息缺乏；(3) 消费者赋权比传统市场更能对公司和市场起到约束作用。

所有这些因素都建立了一个市场环境，其中消费者保护的核心价值应该得到保护，欧盟跨部门（横向）消费者立法是定义互联网用户数字权利的基础。[43]

首先，长期以来的横向消费者保护指令完全适用于数字市场。这些指令具有双重目的：[44] (1) 通过保护商业关系中的弱势方，实现有效的市场公平；以及 (2) 通过协调国家消费者保护规则建立内部市场。欧盟面向消费者的主要跨部门指令是 1993 年通过的《不公平合同条款指令》(UCTD)、[45] 2005 年通过的《关于不公平商业行为的指令》(UCPD) [46] 以及 2011 年通过的《消费者权利指令》(CRD)。[47]

具体而言，《不公平合同条款指令》保护消费者免受贸易商制定的非单独协商（标准）条款的影响。这与在线服务相关，一旦我们考虑到平台的服务条款可能代表私人监管和私人法律秩序（第四章第一节），这一点就变得至关重要。根据《不公平合同条款指令》，标准合同条款必须以通俗易懂的语言起草，歧义应以有利于消费者的方式解释。非单独协商的合同条款是不公平的，因此，如果它们导致双方的权利和义务严重失衡，损害消费者，则对消费者没有约束力。[48] 附件定义了一份可能被视为不公平的指示性和非详尽的条款清单，说明了标准合同条款应遵守的一般诚信要求，这限制了单方面修改"私人条例"的可能性。

《消费者权利指令》协调了有关合同关系某些方面的国家消费者规则，即合同前信息要求、合同签订的正式要求、关于消费者退出权的详细规则。这些方面与数字市场尤其相关，具体涉及远程和场外合同。

---

[43] Howells et al. (2017)；Howells (2020).
[44] Mateja and Micklitz (2017).
[45] Directive 93/13/EC on Unfair Terms in Consumers' Contracts.
[46] Directive 2005/29/EC，涉及内部市场中不公平的企业对消费者商业行为；Unfair Commercial Practice Directive (UCPD)。
[47] Directive 2011/83/EC on Consumers' Rights.
[48] Article 3 UCPD.

《关于不公平商业行为的指令》的主要目标是通过使国家执法者能够遏制交易之前、交易期间和交易之后发生的各种不公平商业做法，增强消费者信心。该指令确定：（1）特定非法行为清单；[49]（2）少数一般类别，即误导性行为或不作为和侵略性做法；[50]以及（3）一项一般原则，根据该原则，任何违背专业勤勉的做法都是不公平的。[51]防止非合同性转换障碍的一个重要例子是"使用骚扰、胁迫和不当影响"。[52]这项规定防止贸易商对希望行使其权利的消费者施加任何不成比例的非合同壁垒，这些权利包括终止合同或者转向其他产品或贸易商。

这些指令是横向的，并且是基于原则的，因此它们的规定具有足够广泛的范围，以主要捕捉数字化转型导致的服务、销售方法和公司的演变。事实上，许多现行的消费者规则已经足够灵活，可以通过司法解释进行调整。[53]因此，核心横向消费者法指令仍然是一个基本符合目的的基础。[54]当然，为了解决特定的在线问题，这个基础需要（并且在某些方面仍然需要）进行调整，以保持与实体世界中给予消费者的保护类似的保护。"在数字空间，我们需要确保可以在线上充分行使适用于离线的权利。"[55]

因此，尽管横向消费者立法具有灵活性，但政策制定者已经认识到，需要采取更多措施来跟上数字化转型固有的变化步伐，为消费者提供量身定制的保护，并提供使他们能够有效参与数字市场社会的工具。除了司法适应之外，欧盟机构还参与了欧盟消费者政策的立法修订过程，这一过程是由"消费者新政"传播促进的。[56]该修订最终于2019年

93

---

[49] Annex I UCPD.
[50] Article 6, 7, 8 UCPD.
[51] Article 5 UCPD. "专业勤勉"是指贸易商可能合理预期对消费者行使的特殊技能和谨慎的标准，与诚实的市场实践和贸易商活动领域的一般诚信原则相称，art 2（h）UCPD。
[52] Article 9（d）UCPD.
[53] Pollicino（2021）.
[54] European Commission（2017）Staff Working Documents：SWD（2017）169 and SWD（2017）209，分别关于《消费者权利指令》的评估和《关于不公平商业行为的指令》与其他指令的适用性检查。
[55] European Commission（2021）.
[56] European Commission（2018）.

由《欧盟消费者保护的更好实施和现代化指令》（MD）颁布，该指令修订了所有三个横向指令，即《不公平合同条款指令》《消费者权利指令》和《关于不公平商业行为的指令》。[57]《欧盟消费者保护的更好实施和现代化指令》的主要修订涉及：

(1) 消费者在线搜索结果排名。数字服务提供商必须以"简洁、易于访问和理解的形式"告知消费者决定其排名和相对重要性的主要参数。[58]此外，另一项极为相关的规定是，禁止贸易商"在未明确披露任何付费广告或付款，以便在搜索结果中获得更高的产品排名的情况下，针对消费者的在线搜索查询提供搜索结果"。[59]

(2) 市场的一个新定义，已更新市场定义使其成为技术中立的。该指令将在线市场定义为"使用软件的服务，包括网站或应用程序"。[60]此外，为了提高在线市场的透明度，在线市场的提供商必须根据第三方的自我声明（即提供商不需要验证该信息）通知客户第三方是贸易商还是非贸易商（即消费者）。这一点极为重要，因为在与非贸易商签订合同的情况下，欧盟消费者保护法不适用。[61]

(3) 数字内容和数字服务不以货币价格，而以个人数据的隐性交换提供，被纳入消费者权利指令的扩展范围。本规定使数字内容和数字服务的定义与《关于数字内容和数字服务供应合同的指令（EU）2019/770》中各自的定义保持一致。[62]数字内容提

---

[57] Directive (EU) 2019/2161 as regards Better Enforcement and Modernisation of Union Consumer Protection Rules (Modernisation Directive, MD).

[58] Recitals 20—23 and Article 3, para. 4 (b)；Article 4, para. 5 MD.

[59] Article 3, para. 7 (a) MD.

[60] Article 3, para. 1 (b)；Article 4, para. 1 (e) MD.

[61] Article 3, para. 4 (a) (ii) and Recital 28 MD.

[62] Recitals 31—33 and Article 4, para. 1 (d) MD. 正如《关于数字内容和数字服务供应合同的指令（EU）2019/770》的情况，该指令就数字内容或数字服务供应合同的某些要求提供了通用规则，特别是关于：(1) 数字内容或数字服务与合同的一致性，(2) 在不一致或未能供应的情况下的补救措施，行使这些补救措施的方式，以及 (3) 修改数字内容或数字服务。

供商现在被认为是"一段时间内的持续供应商"（而不是"单一行为的供应商"）。由于这一变化，消费者必须获得 14 天的服务测试期，并有权在该期限内取消在线合同。[63]

(4) 个性化价格。如果向消费者提供的价格是基于自动决策系统（即算法）个性化的，该系统描述了他们的行为和消费模式，则必须告知消费者。[64]

(5) 降价。为了防止在宣布降价前涨价导致的虚假降价，任何降价公告都必须注明产品的先前价格。产品的先前价格是降价前 30 天内的最低价格。[65]

95

(6) 消费者评论。禁止贸易商提交虚假消费者评论或者委托虚假评论或背书。[66]当提供消费者评论时，贸易商必须告知消费者，它们是否以及如何确保提交的评论来自实际使用或购买产品的消费者。[67]

(7) 机器人的使用。禁止贸易商转售通过机器人软件等自动化手段购买，从而超过可能购买门票数量的限制的活动门票。[68]

这些《欧盟消费者保护的更好实施和现代化指令》措施以及数字服务一揽子提案中的提案，即《数字市场法案》和《数字服务法案》（分别在第六章第三节和第七章第五节中进行了描述和评论），为在线消费者的基本权利提供了一种系统的欧洲方法。

尽管如此，考虑到在线平台所达到的巨大市场和议价能力（参见第五章），数字生态系统需要在使用平台的在线中介服务时，将一些"类似消费者"的保护扩展到（或多或少是小的）企业。考虑到双边市场结构（如第二章第三节所述），这项立法非常重要，这通常是平台经济的特征，在这种情况下，商业用户（主要）通过从数字平台获取中介服

---

[63] Article 4, para. 11 (b) and Recital 30 MD.
[64] Recital 45 M.
[65] Article 2, para. 1 MD.
[66] Article 3, para. 7 (b) MD.
[67] Article 3, para. 4 (c) MD.
[68] Article 3, para. 7 (b).

务，与消费者间接互动，并开展自己的在线业务（主要）。

96 　　欧盟通过所谓的《平台对企业（P2B）条例》[69]解决了平台与企业之间的关系，旨在为企业用户提供公平和透明。就其范围而言，该条例对向欧盟境内的商业用户提供的在线中介和营销服务具有约束力，至少在交易的一部分是如此。此外，促进商业用户和消费者之间交易的平台也包含在该条例中。

　　这项法律规定了在线平台的行为，如软件应用商店、社交媒体、电子商务市场和搜索引擎。新规则要求内部投诉处理机制确保排名透明度，并禁止某些不公平行为，如无正当理由更改在线条款和条件。

　　至于条款和条件（第3条），平台必须提供对商业用户来说清晰易懂的合同内容，并使商品和服务的营销方式透明。条款和条件的变更应至少提前15天发出通知。不允许对条款和条件进行追溯性更改。根据第4条，如果平台提供商打算暂停或限制对其设施的访问，则必须向商业用户提供一份理由声明，证明该决定的合理性。如果终止，需要提前30天通知（除非用户多次违反其义务）。

　　关于排名透明度（第5条），平台提供商被授权向公众公布最新的参数（例如，部署到算法、通用标准或其他调整方法中的特定信号），排名是基于这些参数形成的。算法的实际功能无需披露（以保障平台的创新激励）。还必须提供这些参数据称意义重大的原因。本着披露的精神，《平台对企业（P2B）条例》要求平台提供商解释任何可能主动干扰商业用户对某些形式报酬的排名。如果平台和用户之间没有合同关系，则应使其易于为公众获得。

97 　　最后，根据第7条，平台提供商必须为其平台上某些业务用户之间的任何区别对待提供详尽的理由。这种解释必须侧重于这种不平等待遇的商业和法律依据。

　　持续监控这些规则的应用对于确保该法规不会很快过时，并与技术

---

　　[69] Regulation（EU） 2019/1150 on promoting fairness and transparency for business users of online intermediation services（P2B Regulation）.

发展同步至关重要。欧盟委员会被委托与成员国一起监督这一进程。⑩
在这方面，欧盟委员会计划与商业用户、平台提供商和在线平台经济观
察站建立广泛的信息交流网络。⑪

第四节　数字隐私：数据保护和数据可携带性

　　数字经济和平台经济通常也与"数据经济"联系在一起。数据经济
涉及数据的生成、收集、存储、处理、分发、分析、阐述、交付和利
用，所有这些活动都是由数字技术实现的。⑫因此，通过确保数据聚合、
可访问性和可用性，促进这些活动和数据定价的每一项政策，都是在塑
造数据市场监管框架。

　　当我们谈论数据经济和数据市场时，我们主要谈论非个人数据，即
不含任何可以识别到某一个人的元素的任何数据集。非个人数据集要么
没有个人信息（如交通数据、天气数据等）；或者包含了个人数据，但
由于匿名而无法指向特定的人。

　　在这方面，2018 年，欧盟机构通过了一项条例，为非个人数据在欧
盟的自由流动建立了一个共同框架，⑬旨在确保（1）非个人数据的跨境
自由流动：每个组织都应该能够在欧盟任何地方存储和处理数据；
(2) 用于监管控制的数据的可用性：公权力机构将保留对数据的访问
权，即使数据位于另一个欧盟国家或在云中存储或处理；（3）专业用户
更容易在云服务提供商之间切换。欧盟委员会开始促进这一领域的自我

98

---

　　⑩　Recital 47, 49, P2B Regulation.
　　⑪　欧盟在线平台经济观察站（EU Observatory on the Online Platform Economy）监测
和分析在线平台经济，辅助欧盟委员会制定政策。观察站由委员会官员和由杰出独立专家
组成的专门专家组构成，该专家组最初是根据 2018 年欧共体的一项决定设立的，最近于
2021 年（专家组的第二任期）续期。
　　⑫　European Data Market study（2016）.
　　⑬　Regulation（EU）2018/1807 on a framework for the free flow of non-personal data in the
European Union.

监管，鼓励提供商制定有关用户可以在云服务提供商之间移动数据并将其返回到自己的信息技术环境的条件的行为准则，并澄清，任何已经适用于存储和处理数据的企业的安全要求，当它们在欧盟或云中跨境存储或处理数据时，都将继续适用。

然而，如今，个人数据和非个人数据之间的区别并不那么明晰。无处不在的技术、经济和社会变革对人们使用电子通信服务和设备的方式产生了明显影响，并对我们的个人数据的访问、处理和使用产生了重大影响。如今，机器学习等技术使企业能够以前所未有的规模利用个人数据，从而获得竞争优势，例如，通过在处理收集数据的输出的基础上开展活动，从而提高行动效率。

在这种背景下，消费者的个人数据也已成为一种重要的经济资产，为各种新的创新商业模式、技术和交易提供了力量。因此，收集数据对企业来说变得越来越重要。尽管数据的收集和处理为消费者（即获得专门的优惠、更好的服务等）和企业（即更容易和更快地识别潜在消费者、根据处理后的数据输出制定策略等）带来了各种优势，但在进行这些活动时，会出现一些非法收集和处理的风险。

考虑到这些方面，在发布数字单一市场战略仅一年后，新的《通用数据保护条例》（GDPR）获得通过。[74]《通用数据保护条例》在欧盟建立了一个强大、一致和完全协调的数据保护框架，使非欧盟公司也与欧盟的观点和规则保持一致。事实上，《通用数据保护条例》的范围可以被归类为欧盟通过的应用范围最广的立法之一，因为它适用于任何处理个人数据的情况，并对欧盟以外的此类数据实施控制，即使是对在欧洲没有实体存在的公司也是如此。

与之前的欧盟立法相比，《通用数据保护条例》是实现进一步数据保护的一个里程碑，此前的欧盟立法包括《数据保护指令》（Data

---

[74] Regulation (EU) 2016/6791 on the protection of natural persons with regards to the processing of personal data and on the free movement of such data, 并废除第 95/46/EC 号指令（《通用数据保护条例》）。该规定于 2016 年 5 月通过，并于 2018 年 5 月开始实施。

Protection Directive，在快速而重要的数字化过程中已基本过时）和《电子隐私指令》（"ePrivacy" Directive），后者仍然有效且适用。

总之，《通用数据保护条例》旨在管理个人数据（即"与已识别或可识别的自然人或数据主体有关的任何信息"）的处理，以确保个人数据只能在严格的条件下出于合法目的被收集。特别是，对个人数据必须：（1）以合法、公平和透明的方式进行处理；（2）为特定、明确和合法的目的收集；（3）充分、相关且仅限于与处理目的相关的必要内容；（4）准确，并在必要时保持最新；（5）以允许识别信息相关人员的形式保存，保存时间不超过必要时间；（6）以确保适当安全和保护的方式进行处理，例如防止未经授权或非法处理、意外丢失或破坏或损坏。

《通用数据保护条例》中规定的一项创新权利是数据可携带性。这是欧盟个人数据保护法领域的一个突破。事实上，这一创新可以被解读为对欧盟委员会 2015 年推出的数字单一市场战略的第一次大胆补充。[75]此外，根据《通用数据保护条例》中提出的广泛定义，这种新制度代表了欧洲数据公共空间的基石，因为整个数字单一市场中流动的大部分数据都是由个人数据组成的。[76]通过引入这一立法文书，欧盟试图通过赋予个人更多的个人数据控制权来赋予个人权力。[77]撇开修订后的《支付服务指令》（PSD2）中的账户访问规则不谈，[78]以前从未试图制定类似的监管举措。[79]

从更技术的角度来看，可携带性的客观范围仅限于数据主体向数据控制者提供的个人数据。[80]数据可携带性包括三种不同的互补权利：

100

---

[75]　European Commission（2015）.
[76]　GDPR, Article 4.
[77]　Article 29 Data Protection Working Party（2017），2；GDPR, Recital 68. See also Colangelo and Maggiolino（2019）.
[78]　Directive（EU）2015/2366，其取代了 Payment Services Directive（PSD），Directive 2007/64/EC。
[79]　Custers and Ursic（2016）.
[80]　数据控制者是"单独或与他人共同决定个人数据处理目的和方式的任何自然人或法人、公权力机构、机构或其他机构"，《通用数据保护条例》第 20 条（GDPR, Article 20）。

（a）接收由数据主体提供的数据的权利；（b）将这些数据移动到另一个控制器的权利；（c）在技术可行的情况下，将个人数据从一个控制者直接转移到另一个控制者之下的权利。关于（c），很明显，数据可携带权背后的最终目标是在数字单一市场内提供所有数字服务的互连和互操作性。显然，数据控制者被严格禁止妨碍个人行使这些权利。[81]

如第六章所述，数据可携带性权利可以被解读为，对旨在通过实现服务提供商的切换来平衡平台和用户之间不对称互动的政策的必要（但还不充分）补充。事实上，通过确认个人对其个人数据的控制，数据可携带性有望解决个人数据锁定的问题，并鼓励公司之间的竞争。[82]数据可携带权的合理性更符合竞争政策框架，而不是基于《欧盟基本权利宪章》第 8 条的传统数据保护系统。

101　　　通过对个人数据的个人控制来增强终端用户的能力，有可能在数据驱动的市场中释放竞争活力。[83]因此，支撑数据可携带性的主要目标是促进数据服务提供商之间的竞争，同时建立个人数据主体默认所有者身份的"早期形式"。财产权利具有对世性，可排除任何第三人的权利，但即使《通用数据保护条例》规定了所有者身份的"早期形式"，条例中的数据可携带性权利目前也并没有提供这一对世权利。同样，《通用数据保护条例》（第 17 条）下的删除权（所谓的"被遗忘权"）也不能被视为完全专有权的工具，因为其适用性极为有限（且备受争议）。[84]

就目前情况来看，个人数据可携带权在实施方面可能会出现问题。事实上，《通用数据保护条例》第 20（1）条并没有就如何确保企业之间的数据可携带性提供详细指导。它只是对传输数据的格式提出了一般要求，这些数据需要"结构化、通用和机器可读"。也就是说，文件格式的结构使得软件应用程序可以很容易地识别、承认和提取其中的特定数

---

[81]　GDPR, Article 20.

[82]　Article 29 Data Protection Working Party (2017), 4. See also European Commission (2018).

[83]　Costa-Cabral and Lynskey (2017).

[84]　关于这一点，see Graef, Husovec, Purtova (2018)。相反，关于支持完全专有权设置的设想，see De Hert, Papakonstantinou, Malgieri, Baslay, and Sanchez (2018)。

据。⑧此外，任何强制采用可互操作标准的尝试都被排除在外，因为《通用数据保护条例》前言第 68 条已远远超过一个简单的"鼓励"的范畴。由于缺乏任何关于数据可携带性实施的约束性条款或详细指南，可能会引发对有效性和法律确定性的严重担忧。互操作性和可移植性需要变得有效，否则它们仍然是一纸空文。

除了最近的《通用数据保护条例》规则外，欧盟自 2002 年以来一直在监管电子通信领域的隐私（即所谓的电子隐私）。《电子隐私指令》⑧旨在确保电子通信网络上的所有通信在通信、交通数据、位置数据、用户目录和未经请求的呼叫的保密性方面保持高水平的数据保护和隐私。 102
2017 年 1 月，欧盟委员会通过了一项关于《隐私和电子通信条例》（Regulation on Privacy and Electronic Communications）的提案，以取代《电子隐私指令》，并根据《通用数据保护条例》调整特定行业的立法。⑧该提案的要点是：（1）加强对用户的保护，将隐私规则应用于提供电子通信服务的新平台，即独立号码通信服务（如 WhatsApp、脸书 Messenger 和 Skype）；（2）通过保证所有通信内容和元数据（如通话时间和位置）的隐私来确保提交的等级，这些内容和元数据必须以匿名形式保存，如果用户不同意，则必须删除；（3）简化和精简 cookie 规则；（4）防止未经请求的电子通信和信息社会服务（垃圾邮件），例如默认情况或使用禁止呼叫列表；（5）销售电话需要具有可识别性；（6）将保密规则的执行分配给已经接受《通用数据保护条例》下的规则的数据保护机构。事实上，特别是考虑到统一性层面，电子隐私规则必须与《通用数据保护条例》相一致，首先是在明确同意这方面。同样因为，数字身份的电子隐私监管也是数据可携带性的先决条件。

---

⑧ Directive 2013/37/EU of the European Parliament and of the Council of 26 June 2013 amending Directive 2003/98/EC on the re-use of public sector information ［2013］ OJ L175, Recital 21.

⑧ Directive 2002/58/EC concerning the processing of personal data and protection of privacy in the electronic communications sector.

⑧ European Commission （2017） Proposal for a Regulation on Privacy and Electronic Communications. COM （2017） 10 final.

参考文献

Akerlof, G., & Schiller, R. (2009). Animal spirits. How human psychology drives the economy, and why it matters for global capitalism. Princeton University Press, p.21.

Allcott, H., & Sunstein, C. (2015). Regulating internalities. Journal of Policy Analysis and Management, 34 (3), 698.

Barlow, J. P. (1996). A declaration of the independence of cyberspace, 8 February 1996.

Belli, L., & Venturini, J. (2016). Private ordering and the rise of terms of service as cyber regulation. Internet Policy Review, 5 (4).

BEREC. (2013). Report on the NRAs' regulatory capacity.

BEREC. (2016). Guidelines on the Implementation by National Regulators of European Net Neutrality Rules, BoR (16) 127.

Cafaggi, F. (2004). Le rôle des acteurs privés dans les processus de régulation: Participation, autorégulation et régulation privée. Revue Française d'Administration Publique 2004/1 (no109).

Colangelo, G., & Maggiolino, M. (2019). From fragile to smart consumers: Shifting paradigm for the digital era. Computer Law & Security Review, 35 (2), 173—181.

Costa-Cabral, F., & Lynskey, O. (2017). Family ties: The intersection between data protection and competition in EU law. Common Market Law Review, 54 (1), 11—50.

Custers, B., & Ursic, H. (2016). Big data and data reuse: A taxonomy of data reuse for balancing big data benefits and personal data protection. International Data Privacy Law, 6 (1), 4—15.

De Hert, P., Papakonstantinou, V., Malgieri, G., Baslay, L., & Sanchez, I. (2018). The right to data portability in the GDPR: Towards user-centric interoperability of digital services. Computer Law and Security Review 193.

De Streel, A., & Ledger, M. (2020). New ways of oversight for the digital economy. CERRE Issue Paper.

Elkin-Koren, N. (1997). Copyright policy and the limits of freedom of contract. Berkeley Tech. L.J. 93.

European Commission. (2015). A digital single market strategy for Europe. COM 2015/0192/final.

European Commission. (2017). Proposal for a Regulation concerning the respect of private life and the protection of personal data in the Electronic Communications, and repealing Directive 2002/58 (Regulation on Privacy and Electronic Communications). COM/

2017/10 final.

European Commission. (2018). Communication: A new deal for consumers. COM/2018/0183 final.

European Commission. (2021). Digital Compass 2030—The European way for the Digital Decade. COM/2021/218 final.

European Commission. (2022). European declaration on digital rights and principles for the digital decade.

European Data Market study, SMART 2013/0063, IDC, 2016.

Goldsmith, J., & Wu, T. (2006). Who controls the internet? Oxford University Press.

Graef, I., Husovec, M., & Purtova, N. (2018). Data portability and data control: Lessons for an emerging concept in EU law. German Law Journal, 19 (6), 1359—1398.

Hobbes, T. (1651). Leviathan or the matter, form and power of a commonwealth ecclesiasticall and civil.

Howells, G. (2020). Protecting consumer protection values in the fourth industrial revolution. Journal of Consumer Policy, 43, 145—175.

Howells, G. Twigg-Flesner, C., & Willett, C. (2017). Product liability and digital products. In T. -E. Synodinou, P. Jogleux, C. Markou, & T. Prastitou (Eds.), EU Internet Law (pp.183—195). Springer International Publishing.

Kaye, D. (2018). Report of the special rapporteur on the promotion and protection of the right to freedom of opinion and expression. U.N. Doc. A/HRC/38/35.

Kelsen, H. (1960). 2d ed. Pure Theory of Law. The Reine Rechtslehre.

Kelsen, H., & Paulson, S. (1982). The concept of the legal order. The American Journal of Jurisprudence, 27 (1), 64—84.

Lessig, L. (2000). Code is law. On liberty in cyberspace. Harvard Magazine 1.1.00.

Lessig, L. (2006). Code 2.0. On liberty in cyberspace. Basic Books.

Locke, J. (1689). Two treatises of government—Second Treatise.

MacCormick, N. (1999). Questioning sovereignty. Oxford University Press.

Manganelli, A., & Nicita, A. (2020). The governance of telecom markets. Palgrave Macmillan.

Mateja, D., & Micklitz, H. W. (2017). Internationalization of consumer law. Springer.

OECD. (1999). The economic and social impact of electronic commerce: Preliminary findings and research agenda. OECD Publishing.

OECD. (2009). Better regulation in Europe: An assessment of regulatory capacity in 15 member states of the European Union.

OECD. (2019). Digital consumers challenge. OECD Publishing.

Pollicino, O. (2021). Judicial protection of fundamental rights on the internet. A road towards digital constitutionalism? Hart Publishing.

Romano, S. (2017). The legal order. Edited and translated by Croce, M.

Simon, H. (1955). A Behavioural Model of Rational Choice. Quarterly Journal of Economics, 69 (1) , 99.

Smith, A. (1759). Theory of moral sentiments.

Smith, A. (1776). An inquiry into the nature and causes of the wealth of nations. Methuen & Co (Book IV, chapter 8, 49).

Srnicek, N. (2016). Platform capitalism. Wiley.

Srnicek, N. (2017). We need to nationalise Google, Facebook and Amazon. Here's why. theguardian.com, 30 August 2017.

Thaler, R. (1985). Mental accounting and consumer choice. Marketing Science, 4 (3) , 199—214.

Wu, T. (2009). When code isn't law. Virgina Law Review 679 (89).

Zumbansen, P. (2013). Transnational private regulatory governance ambiguities of public authority and private power. Law and Contemporary Problems, vol.76.

第二部分
监管科技巨头对市场
和社会的影响

第五章　理解数字市场社会中的市场力量

摘要:如今主要的数字玩家限于少数几个大型全球平台,它们对数字生态中的很多部门进行横向和纵向的高度整合。很多学者认为,由于规模经济和范围经济、间接和直接的网络外部性、消费者的行为偏差,在大多数情况下,数字市场容易出现"临界"的现象。这意味着当通常被称作"守门人"的领先公司达到一定规模时,就会出现赢者通吃的现象。然而,也有学者认为,对不同相关市场的支配地位,而不是"临界"效应,应当继续为评估平台的市场力量提供标准。不过我们观察到的平台发展是基于新的经济交易模式,即以数据换取免费服务,这超出特定市场的范畴。此外,披露给并由平台掌握的信息并不能为所有人完整地观察到,这些信息实质上已由平台内部化并独占使用。作为全球守门人的大型平台不仅仅从事市场竞争。它们设想了一种新的制度秩序,在该秩序中,它们实际上通过"包抄"策略进行竞争,进而"成为"市场。

关键词:科技巨头的经济　市场与经济力量　数据和算法　信息

第一节　全球数字平台:从竞争优势到市场"临界"

网络平台是在数个产业以不同商业模式经营的多边中介(如搜索引

擎、社交媒体和创意内容渠道、应用程序发布平台、通信服务、支付系统以及合作经济平台）（参见第五章第二节与第三节）。

根据第一章第二节披露的公司市值的全球排名，数字平台对当今经济的重要性显而易见：2019年，全球市值前十的公司中有七个是平台公司，前四位全是平台公司。位居前十的美国平台公司有亚马逊、脸书、谷歌、苹果和微软（通常还会加上奈飞），它们被称作"科技巨头"。科技巨头是指这些具有全球影响和领先规模的数字平台，它们在其经营的市场领域拥有很高的份额。在表5.1中，可以看到它们的市场份额和相应的排名。

如前所述，对于作为双边市场的数字平台，平台一侧提供的免费服务也至关重要。相关的排名和市场份额参见表5.2。

这种集中的结果当然取决于经典市场动态因素，包括研究、创新、营销、客服、广告等，但同时也会受到数字平台的一些特殊经济特征的影响，这些特征我们已在前几章指出。

2018年，排名前五的平台公司的总现金流已达到1 600亿欧元。这使得这些全球性的企业能够在一年内就投资超过500亿欧元。这对于技术和网络基础设施而言是一笔巨大的投资，且这笔投资完全依靠它们自己的资金（而电信部门的投资则主要靠举债）。正如下图5.1显示的，2018年平台企业平均仅花费现金流的37%用于资产投资，而电信公司则在资产投资方面花费其现金流的145%。

这并不是因为科技巨头比电信公司投资得少，恰恰相反，平均而言它们的投资要多得多（全球），但同时又拥有高得多的营收和盈利能力。

从市场集中的角度，这些特征非常相关。首先，因为科技巨头拥有最高的营收、利润和投资能力（它们有很"深的口袋"），这是新的市场参与者难以匹敌的。其次，数字平台拥有的流动资金使它们能够兼并或收购潜在的竞争对手或者互补产业的经营者（互补产品或服务的提供者，它们在数字企业集团的背景下也属于潜在的竞争对手）。该策略被

表 5.1　科技巨头在各领域的市场份额
（来源：AGCOM 2019 Report on online platforms）

	谷歌		亚马逊		苹果		脸书		微软		奈飞	
	占比	排名	占比	排名	占比	排名	占比	排名	占比	排名	占比	排名
云（基础设施即服务）	4%	4	48%	1					16%	2		
语音辅助	31%	2	32%	1	6%	6						
移动设备					50%	1						
操作系统（台式机）	1%	5			14%	2			77%	1		
操作系统（移动端）	75%	1			23%	2			0.2%	5		
浏览器	64%	1			15%	2			5%	4		
在线广告	32%	1	3%	4			19%	2	2%	7		
电子商务			无数据	1								
应用商城	38%	2			62%	1						
视频点播	无数据		无数据		无数据						51%	1

表 5.2 科技巨头在"免费"市场上的份额(来源:AGCOM 2019)

	谷歌		脸书	
	占比	排名	占比	排名
🔍 搜索	88%	1		
🔗 社交网络			76%	1
💬 即时通讯	1%	4	95%	1
✉ 邮件	53%	1		
🗺 地图	91%	1		
€ 应用商城（移动端）	72%	1		

经营活动产生的现金流

谷歌　亚马逊　脸书　微软　苹果　奈飞　　　平台　电信和媒体公司

%资产投资吸收
的现金流量　56%　51%　48%　29%　18%　0%　　37%　145%

资产投资吸收的现金流量百分比计算为购买资产总额与经营活动产生的现金流量之比
对于奈飞来说，所有现金流都被其经营活动吸收了

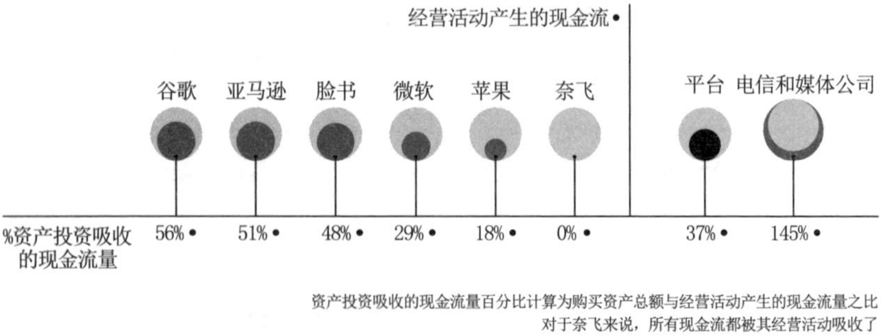

图 5.1 科技巨头的现金流(%)被资产投资吸收(来源:AGCOM 2019)

称为"扼杀性收购"，[①]最终导致美国联邦贸易委员会在 2021 年对脸书
兼并 WhatsApp 案进行追溯性审查（参见专栏 5.1）。

专栏 5.1 扼杀性收购

扼杀性收购作为一种结构性的市场策略并非新事物，在其他一些
市场份额非常集中的行业中，如信息通信行业和医药行业，也有一定
程度的实践。例如，医药行业的实证数据显示，在所考虑的收购中，

111

① OECD（2020）and Tirole（2020）.

有 6%的收购之后目标公司停止了先前进行的新产品开发活动。②在数字市场尚没有类似的直接实证数据，但该叙事已被嫁接到科技巨头身上。这主要是基于这样一种认识，即科技巨头有意收购有前途的初创公司或者潜在的竞争者以"坚守堡垒"和"扼杀"将来的竞争。换言之，收购（潜在的）竞争对手或者相邻市场上互补性服务的提供者引发了导致对手边缘化（扼杀性收购）以及市场门槛提高（数字集中）的担忧。事实上，科技巨头已经密集地从事兼并和收购活动。2009 年到 2020 年间，GAFA 集团（包括谷歌、亚马逊、脸书和苹果四家公司）进行了超过 400 起并购活动。③大部分收购对象是创新型初创公司和新玩家。需要承认的是，大型平台公司进行并购具有一些正当的理由。第一，科技巨头可能对目标公司的特定资产感兴趣（知识产权、用户、人力资源、商业秘密等）。④第二，鉴于平台正就吸引用户对其平台的关注而进行激烈竞争，收购新的服务提供者能够巩固其商业生态，从企业集团的角度来看也是如此。⑤第三，更有趣的是，有观点主张，并购的目标在于限制潜在的竞争，进而最终强化平台的市场力量。⑥因为网络效应对平台公司至关重要，一家可能建立庞大用户群的新公司对科技巨头来说是一种威胁，即使在收购时两家公司并无有效的产品重叠。尽管存在这些严重的竞争担忧，但 GAFAM 集体（包括谷歌、亚马逊、脸书、苹果和微软）进行的兼并很少遭到竞争执法机关的调查，或在欧盟和美国受到私人原告和检察官的成功挑战。之所以如此，是因为世界上的一些兼并控制机制把营业额作为主要的评估因素，其中也包括欧盟的。尽管每个法域的标准不同，所有的评估都是考量兼并一方或双方在某个法域或者地区的营业额。由于这个缺陷，一些数字市场中备受瞩目的兼并活动逃脱了监管机关的审

112

---

② Cunningham et al. (2021).
③ Gautier and Lamesch (2020) and O. Latham et al. (2020).
④ Gautier and Lamesch (2020).
⑤ Prat and Valletti (2021).
⑥ Crémer et al. (2019).

查。这是因为尽管目标公司以很高的价格被收购，但有关营业额的门槛还是没有达到。由于很多数字初创公司在发展初期都免费提供服务，因此它们的营业额很低，但它们掌握的数据量与潜在的大量用户使之具有巨大的经济价值。2012 年脸书以 10 亿美元收购 Instagram 与 2013 年谷歌以 13 亿美元收购以色列的地图服务提供商 Waze 都是很好的例子。⑦ 类似的还有脸书以 190 亿美元收购 WhatsApp（营业额仅为 1 000 万美元左右）受到欧盟委员会的审查，不过该审查仅仅是基于脸书发出的特定预通知问询请求，其目的是使其从《欧盟兼并条例》(EUMR) 第 4 (5) 条规定的一站式审查中受益。根据《欧盟兼并条例》，这些交易都没达到欧盟要求的足够营业额。作为对兼并控制中该项执法漏洞导致的沮丧的回应，新的提案已浮出水面，即通过考虑相关交易价值来补充欧盟营业额门槛的测试。兼并控制是反垄断早期干预的前沿地带，市场容易因网络效应而产生"临界"现象，进一步地，兼并控制的事前性质将导致"赢家通吃"效应的产生。有鉴于此，毫不意外越来越多旨在彻底修改欧盟竞争法的提案把重心放在兼并控制上。⑧ 例如，德国已经根据交易价值而不是目标公司的营业额引入新的 4 亿欧元的管辖门槛。迄今为止，葡萄牙、西班牙和英国引入另一种基于"供应份额"的解决方案，即如果兼并后实体的市场份额超过一定的门槛则需要报告该兼并。此外，这个提议也值得考虑，即要求最大的几个有特殊地位的科技公司报告它们所有的收购，从而使得执法机构能够提前调查收购的竞争影响。⑨ 最后一项提议已经被纳入《数字市场法案》，即守门人有义务通知欧盟委员会任何有意向的涉及数字领域任一家服务商的市场集中行为（根据《欧盟兼并条例》第 3 条，139/2004）（参见第六章第三节）。最后，在更实质性的方

---

⑦　如今，Instagram 已经拥有 10 亿用户，是排在脸书之后的第二大社交网络，如果算上即时通信服务商（WhatsApp、微信和 Messenger）与社交媒体（YouTube）。

⑧　Motta and Peitz (2021) and Gautier and Lamesch (2020).

⑨　Furman et al. (2019).

面，大西洋两岸都认同该提议，即在横向兼并中，证明交易的纯竞争效果是积极的责任从反垄断机构转由公司承担。[⑩]

2018 年，科技巨头的营业额达到 6 920 亿欧元，相比 2017 年增长了 35%。收入最高的是苹果（2 250 亿欧元，增长 11%），然后是亚马逊（1 070 亿欧元，增长 25%）和谷歌（1 160 亿欧元，增长 18%），而所有六家平台的平均营业额则达到 1 150 亿欧元。

尽管如此，科技巨头各自的特征非常不同：它们从事不同的经营活动且活跃在数字市场社会的不同市场部门；它们的商业模式、投资策略、市场整合度不相同，兼容性、开放性与标准化的路径也呈差异化。主要区别之一在于总体的商业模式和相关的收入来源。在这方面：

(1) 奈飞、微软和苹果的收入来自向终端消费者销售产品和服务。苹果主要通过销售信息通信技术领域的固定和移动设备；奈飞销售视听媒体内容；微软销售软件、信息通信技术设备和云服务，也从网络广告获得次要的、少得多的收入。

(2) 脸书和谷歌的收入主要来自广告和其他商业服务。尽管如此，脸书的收入中广告占约 95%，而谷歌的收入有 15% 来自消费者服务（主要是云服务）。

(3) 亚马逊的商业模式更具混合性，即使来自消费者的营业额占主导，其收入也是相当多元化的。例如，亚马逊的电商活动分为提供交易平台（撮合卖家和买家）和直接的网络零售，后者是其重要的收入来源（占总收入的 53%），而前者只占 18%（参见图 5.2）。

如前文所言，平台的居间行为，尤其是关于广告的，从用户市场的角度通常被认为是免费服务。这就是为什么脸书和谷歌这类企业只有非常少的收入来自终端用户，尽管脸书的社交网络和即时通信服务在全球

115

[⑩]　Motta and Peitz（2021）。

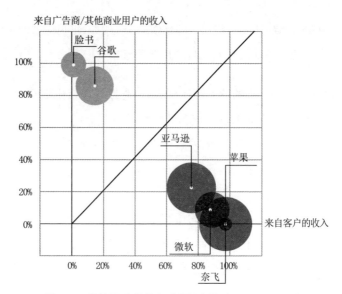

来自广告商/其他商业用户的收入

脸书
谷歌
亚马逊
苹果
微软
来自客户的收入
奈飞

图 5.2　科技巨头的收入来源（来源：AGCOM 2019）

有 17 亿用户（在欧洲有 3 亿），谷歌搜索引擎的日活用户大概有 17 亿，每天处理的搜索平均在 70 亿。它们的利润来自针对用户受众的广告活动。

116　　　　此外，科技巨头可以享受急剧增加的规模回报和范围经济。事实上，全球的数字巨头致力于不断扩大规模和经营范围——一种称作"平台包抄"的经济策略。并非所有平台都采用相同的策略，从"专业化"到"整合"再到"平台包抄"（参见表 5.3）。"平台包抄"策略指在不同的市场持续开拓服务，聚合初始市场和目标市场的功能，并使之对同一用户群而言是相互兼容的。[11]亚马逊和谷歌主要采用该策略，微软和苹果亦是如此，但程度稍低。尽管如此，脸书也提供广泛的社交网络服务，也就自然包含和嵌入由自我创作或自我复制的服务和内容构成的各种社交互动，如视频内容、电子商务和信息内容。这确实是相关的，因为"包抄"的主要影响发生在用户侧。

---

[11]　Eisenmann et al. (2011).

表 5.3　范围经济和平台包络策略

产业链阶段		奈飞	脸书	苹果	微软	谷歌	亚马逊
基础设施	云端与数据中心				OneDrive / Azure	Google Cloud	aws
使能技术	设备				Microsoft Surface	Google Home	fire / amazonkindle alexa
	软件（如操作系统和浏览器）			iOS / macOS	Windows / Windows Phone	android	Fire OS
在线服务	在线广告				Microsoft Advertising		amazon advertising
	电子商务	N					amazon
	视听内容			tv		YouTube Premium	prime video
	其他服务						amazon appstore
	通信服务						

增加的供应品类

103

在这种情况下，平台可以通过提供捆绑的产品，在其用户群中利用共享的用户关系和市场力量，因而能够实质性提升用户转向竞争性服务的成本，也使其同时使用不同平台的成本显著增加。此外，平台包抄策略还意在扩大平台收集的信息和数据，通过对不同环境中的信息进行交叉验证来提升服务质量和生产效率。

再者，数字平台能够从直接的网络外部性（如需求侧的规模经济）和间接的网络外部性（跨界网络效应）中受益。[12]直接网络效应意味着平台服务对某一用户的效用随着平台内其他用户（与他相关的）数量的增加而提升，这也意味着用户离开用户数量巨大的平台会引发高成本（转换成本）。此外，平台的经济价值随着用户群体的扩大而增长。

平台用户群体的增长很有可能提升每个用户的支付意愿。尽管如此，这并不必然导致加入平台的成本增加。事实上，即使一个平台在某些市场拥有显著力量，它也不会提高价格（或保持免费策略）以进一步扩大用户群体。考虑到跨界网络效应，即双边平台给一组平台带来的效用随着平台另一端用户数量的增加而提升，这种动态趋势就更加明显。正如第五章第三节所描述的那样，在很多情况下，不管其市场力量如何，居间人可通过在平台的一端引入并持续保留免费策略，以获得最大量的用户，进而增加关联端的收入。

因此，规模收益递增、范围经济以及直接、间接的网络外部性通常会决定数字市场的集中度提升。在多数情况下，数字市场会受到一种"临界"现象的影响。一旦平台达到某个临界的体量（临界点），由于网络效应和用户退出的机会成本，平台将能自我维持规模的增长。这推动着用户网络的持续扩张，可能导致市场由一个垄断的经营者独占。"赢家通吃"[13]的说法由此而来，因为虽然平台成本往往会随着用户数量的增加而不断增加，但与此同时收入却呈指数级增长。

总之，规模经济、平台包抄和网络效应因而能够成为当前和潜在的

---

[12] Shy (2001).

[13] T. Eisenmann (2006).

竞争者无法逾越的障碍。竞争者必须能够克服现存的"临界体量"才能在受干扰的市场中成立并持续竞争。这是非常困难的，用户为了降低他们单方退出的机会成本需共同迁移，而共同迁移的集团协同成本并不低（只有当另一个数字平台将用户迁移作为公共任务或商业目标时，它才能将协同成本降得足够低以使集体迁移选择成为可能且对消费者也够方便）。

　　大型数字平台的发展历程能够在一定程度上阐释科技巨头经济实力的本质。搜索引擎市场份额的变化[14]时间线很好地展示了临界体量的存在（大概 40% 的用户）以及赢家通吃的市场竞争动态（参见图 5.3）。

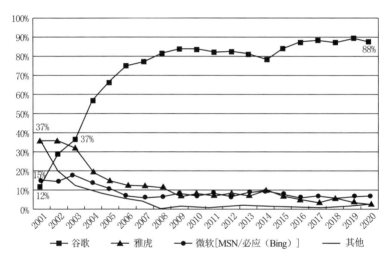

图 5.3　搜索引擎市场份额的演变（来源：在 AGCOM 2019 上细化）

　　尽管如此，上图也体现了熊彼特提出的"创造性破坏"现象。根据熊彼特的理论，竞争推动创新，为了在下个创新成果引入市场之前获得垄断利润，垄断者自身会通过创新"坚守堡垒"，竞争者也会通过创新占领市场。换言之，垄断通过模仿过程刺激竞争，但是竞争也会推动以维持长久垄断为目标的创新。因此，根据熊彼特的理论，垄断—竞争循

119

---

[14]　Sew、Net Applications 和 StatCounter 等不同来源对美国市场的评估。

环是逻辑自洽的发展规律。⑮将该理论应用于数字世界可以为科技巨头市场地位的内在脆弱性提供线索。从 21 世纪初到谷歌后来居上之前，雅虎一直是全球搜索引擎市场的领导者。自谷歌赶超之后，雅虎的市场份额持续急剧降低，现在已经沦为边缘玩家。根据这个观点，所有科技巨头的高光时间都是有限的（尽管没人知道具体是多久）。因此，即使是谷歌也有可能在不久的将来被新的竞争者取代。

120   在 2015 年的一次采访中，网络的"发明人"蒂姆·伯纳斯-李认为，如今的谷歌和脸书已经具备垄断的特征，但同时也提到网景和微软以前也是如此。伯纳斯-李讲道："当我们与 Mountain View 的主导地位作斗争时，脸书和社交工程突然出现了，网络的历史是一部阶段性垄断和垄断更替的历史，但事实是风向可能突然改变、重心转移他处：当我们还在集中应对当下的'敌人'时，新的发明出现了。在网络上，供给远比看起来的多：既有大公司，也有不给用户画像的小公司。"

这意味着，如同在熊彼特的市场循环中，竞争迟早会出现。根据该主张，包括反垄断调查在内的"外部"介入最终都会破坏这一循环，进而损害创新和社会福利。同样的主张强调，规模经济、范围经济和直接网络效应在所有网络型产业中都非常普遍（如电信、能源、水工业等），跨界网络效应在所有的双边平台也非常普遍，传统平台也不例外（如报纸、信用卡等）。在这样一个叙事框架内，最终的主张立足于这样的考量，即正如以前已经发生的那样，大多数滥用市场地位的行为都可通过竞争执法来解决（参见第一章第二节）。

此外，一些经济学家主张，"临界"和"赢家通吃"现象确实对传统网络型产业有影响，但并不适用于数字平台，因为用户由于改变平台而承担的退出和直接转换成本⑯微不足道。还有学者主张，直接面对消费

⑮　Schumpeter (1934).
⑯　我们需要区别直接转换成本和间接转换成本。前者是指转换服务商的实际货币成本，后者则通常是指机会成本，这是一种非货币成本、利润或利益的损失，如同从我们大多数同行所在的网络脱离隶属关系所付出的成本。

者的大型数字平台，如 GAFA 集团，不可能成为"赢家通吃"的公司，因为这些平台必须要么依靠其优势进行竞争，要么依靠排他性做法来获得或保持主导地位（维护竞争法的任务是规范平台的竞争行为）。[17]在这个意义上，在数字市场上"竞争仅咫尺之遥"。[18]如果我们认为使用一个平台并不妨碍用户使用另一个竞争性的平台（多宿主），如同时使用谷歌和必应，或者在两个不同的社交网络上互动，前述论证将更加正确。据此，消费者的注意力会分布于竞争的服务商之间，这使得广告商或平台的其他客户有动力采用多宿主策略，并最终选择不同的服务商。[19]

上述熊彼特理论导致在数字经济拓展的早期采用了自由放任的态度，"让子弹再飞一会儿"的路径也成为全球反垄断执法机构对数字平台的典型态度。该路径体现芝加哥学派主张的保守反垄断路径中的大部分理论。[20]对于平台垄断这种为美国《谢尔曼法》（Sherman Act）第2条所禁止的行为，芝加哥学派认为，排他是有效率的运营者成功的一部分，要证明排他行为属于反垄断法规制的反竞争行为，原告应当提供"无效率的排他"的证据。如该行为对更有效的竞争者的直接影响。反过来，该理论在很大程度上忽略了高于边际成本的掠夺策略，并给原告设定了极具挑战性的证据标准。

传统芝加哥学派近来备受知名学者的质疑，[21]这些学者领导了一项被称作新布兰代斯主义的运动。新布兰代斯主义提出的一个主要观点依然围绕雅虎—谷歌之争。新熊彼特主义的观点正确吗？为什么我们观察到谷歌如今的市场份额与2001年的雅虎相比存在明显不同？换句话说，为什么雅虎不受"临界现象"影响？此外，为什么雅虎的市场领先

---

[17] See Hovenkamp H. (2021). See also Evans and Schmalensee (2016).

[18] 拉里·佩奇（Larry Page）于2011年9月21日在美国参议院司法委员会前的陈述。

[19] 多宿主行为还显示，消费者的注意力分布于不同的平台，这些平台可同时受益于用户数据和网络效应。

[20] Posner (2001) and Bork (1978).

[21] Baker (2019)，Khan (2016)，Khan (2018) and Wu (2018).

时间短得多？如果所有数字平台经济都不是什么新事物，为什么反垄断执法和兼并规范没有证明自己在处理和制止损害市场和消费者行为时的完全有效性？

根据新布兰代斯主义学派，我们当下身处的生态系统已经超过熊彼特提出的垄断—竞争门槛，普遍改变了熊彼特有关创新与模仿的动态模型。例如，其他搜索引擎相较谷歌的差距如今被认为太大了以至于无法弥合。同时，多宿主策略普遍缺乏吸引力且成本较高，且兼容性措施的缺乏也导致潜在的竞争者无法直接触及现有平台用户。

新布兰代斯学派强调数字生态系统已经进入这样一个时代，即竞争变得日益受限且鸡肋化和割裂化。从下一节我们可以看到，该现象的出现大都可归因于数据：科技巨头的大数据。

第二节　数据和算法画像：经济力量之源

平台权力的基础要素之一是数据和信息。正如本章第三节指出的，数据事实上是一种经济商品，而信息则由算法分析数据得来。

由于用户数量巨大、使用时间长以及网络活动丰富，平台得以收集巨量的用户数据。这使得平台的算法能够评估出用户的个体需求，包括他们的偏好、需要和支付意愿。平台依赖画像来变现数据，如作为网络交易的销售商直接使用信息，或者作为目标个性化广告的受众间接使用信息。此外，随着新数据的分析融入，数据使得算法能够不断地自我完善，改善用户偏好分析从而提升画像的质量。

这个过程能够提升平台的居间能力，从而增加平台的双边需求：在消费者侧通过提升服务的生产效率和质量（如服务或产品更加适合用户的偏好和需求）；在其他群体侧（如广告商）通过提升广告受众的数量或用户对广告的注意力。这些都使得平台有动力采用免费的商业模式收集越来越多的证据，并拓展它们商业活动的规模和范围。

在数字生态系统中，我们的确可以免费利用多种服务，并在它们上面花费很多时间和注意力，从而产生很多数据和信息。用我们的数据、时间和注意力交换免费服务事实上属于经济交易的一种，虽然它不涉及费用支付。

为了支持这个论断，参考 2018 年进行的一项计量经济学研究很有帮助，该研究涵盖谷歌应用商店内超百万应用程序的数据集。[22]根据该项研究，应用程序的价格与所需权限的数量成反比，从而也与个人数据的同意数量成反比。此外，该项研究强调，下载量最高的应用程序要求更多有关个人数据的权限。应用程序下载趋势表明了一个"长尾"现象，即大约 50% 的应用程序下载次数低于 100 次，而 2% 的应用程序下载量超 10 万次。更不用说只有 6 个应用程序装机量超 10 亿次：脸书、谷歌邮箱、YouTube、谷歌地图、谷歌搜索和谷歌应用服务。

在这种隐性交易和免费服务的背景下，消费者福利的评价并非微不足道。在社会福利的经典概念中，消费者的自由选择和潜在竞争在驱动市场增长和创新方面扮演重要角色。

理论上，通过大量复杂的用户画像，平台能够知晓每个用户对某个产品或服务的支付意愿，从而能够实施完美（第一层面）的价格歧视，如对每个消费者的定价等于该消费者愿意对该产品支付的最高价格，也就是他的低价。[23]数字平台的商业目标就是挖掘私人信息并向每个用户发出不同的报价，而该报价即是根据平台算法评估出的用户在那个特定时刻的低价。平台通过这种方式能够获得几乎所有的消费者剩余，同时通过向所有愿意支付等于或高于边际生产成本的消费者提供产品或服务，实现与竞争市场相同的聚合分配效率。

124

㉒　AGCOM (2019).

㉓　几乎所有市场都不可能产生这样的结果，因为企业通常无法掌握用户如此详细的信息，因此只能向所有消费者收取均价，或者根据数量（第二层面）、用户群体实施一些不完美的价格歧视（在这种情形下，愿意支付更高价格的用户获得消费者剩余）。此外，当存在价格区分（如高价和低价）和竞争时，低价购买的消费者有套利的动机，如在高价基础上打少量折扣将商品转售其他消费者，从而分流底价高的消费者。鉴于可预期的套利行为，企业最终会停止价格歧视。与之相反，在数字市场中"几乎完美"的价格歧视似乎成为可能。

根据经济学理论，这种结果会产生有效率的资源配置，仅仅涉及再分配效应，即经济资源由消费者向平台转移。尽管如此，如果给予消费者效用相较平台利润更高的权重，则这种结果并不公平或者说不符合社会的需要。对政策制定者而言尤其如此，特别是当他们比较国民消费者的再分配影响与平台利润对国民经济（如投资、劳动力市场、税收）的影响时。当然，在这个简化的平衡测试中，无可否认的是在相反的事实（无平台）场景下，由平台推动的巨大增量交易不会发生。因此，如往常一样，某种再分配的政策介入是需要的，即以不同的方式分配蛋糕，不过这种介入非常谨慎以便不会（过分）缩小蛋糕的总量。

此外，正如前面所提到的，数据和算法不仅使平台能够实施"有效率的"价格歧视，还能够使它们的生产效率呈指数级增长（最小化用户的交易和搜索成本/时间），以及提升服务和产品的个性化程度。换言之，用户提供给平台的数据包含用户对产品、服务、朋友、新闻、政治观点以及世界观的偏好信息，这使得平台能够有效地选择并向用户提供符合他们偏好的产品、服务、朋友、新闻、政治观点或世界观，并节约他们的搜索时间（这也是稀缺资源）。在任何时刻，供给都以针对用户的需求作出最有效、最合适的反应为目标。[24]

125　　因此，基于大数据的算法价格歧视是基于一个双重悖论：一方面，消费者的满意度（体现为偏好匹配和更好的时间分配）伴随着消费剩余的降低；另一方面，类似完美竞争市场上发生的有效资源分配伴随着消费者被屏蔽于竞争之外，因为消费者的选择在一个细分市场上越来越受限，即使该选择为之量身定做，但也排除了所有竞争者。

至于后者，竞争问题在于，通过提取某个数字平台独占的信息租金使得特定市场内的价格歧视成为可能，从而将消费者置于定制的"信息售后市场"中。[25]在某种意义上，当消费者选择一个数字平台时，他也选

---

[24]　Marciano et al. (2020).

[25]　在经济学理论中，售后市场是一个二级市场，即消费者在购买主要产品或服务后进行消费选择的市场。在这个市场中，选择的事后自由受到主要市场中在先选择的限制（典型的例子是互补性的产品和服务，如保养，或者与耐用品相关的消耗品，如打印机的硒鼓）。See Hovenkamp (1994).

择一个把他引向信息售后市场的守门人。在该售后市场中，消费者被诱导在守门人确定的有限范围内行使选择自由，而守门人为消费者事先选好了依据平台从消费者自己的数据中分析出的信息量身定做的"优惠"。

再者，用户数据与算法效率也源自用户在平台花费的时间和进行的活动。从经济学的角度来看，根据威廉姆森方法（Williamsonian approach），这可以被视为用户为提高平台免费提供的服务的效率而进行的"特定投资"。在这个背景下，考虑到用户和平台间极其不完整的合同，尽管没有现金交易，平台依然能够通过逐渐向用户索取越来越多的数据（在规模和范围两个层面）锁定用户，或者通过必要的额外同意把用户圈起来。因此，用户供给平台的数据量越大，其离开平台的成本越高（平台获得准租金）。用户似乎无法（或不愿意）预见这种套牢行为，因为这种数据供给与服务获取之间的隐性交换掩盖了数据交易、特定的投资以及消费者切换平台的后续（机会）成本。

因此，消费者被锁定于一个信息售后市场，在单一平台内他们的选择自由和竞争都是有限的，而平台却能够不断地拓展提供服务的范围。事实上，算法从我们的分析数据中学到的主要内容之一确实是我们有在其他平台上比较结果的倾向。因此，价格歧视、榨取消费者剩余和信息锁定也取决于消费者多"懒"。[26]

事实上，选择离开某个守门人正变得越来越不可能发生，不仅仅因为网络外部性带来的高机会成本，也因为鉴于守门人精确地获悉消费者的偏好从而节省消费者大量时间，消费者也越来越不愿意去比较其他平台的表现（多宿主）。因此，尽管存在多宿主的可能性，消费者会把时间和注意力分配给那些"更懂"他们的平台，从而导致他们逐渐变得越来越不愿意换平台。此外，网络外部性进一步提升了用户的退出成本，至少只要协调成本（切换到其他替代性平台）比预期的收

126

---

[26]　Patterson（2017）.

111

益要高。

造成的结果是消费者急需在受限的市场部门"自由"选择预先定制好的产品，从而排除竞争。也许事实上这些产品对消费者而言是"最有效兼最合适的选择"，但是随着产品复杂化和定制化的不断升级，可比性也日益变难。因此，从前述图景中，经济学家预见"市场的终结"，竞争动态将被产品聚合取代（如搜索引擎、社交网络、操作系统、应用商店市场）。在这些产品聚合中，由消费信息捕获能力提供支持的守门人能够引导消费者的选择从而排除竞争。[27]

所以，上述"市场的终结"与典型的垄断并无太大区别吗？由此数据是不是支撑平台并允许市场支配或垄断力量的"必要资产"？情况并非完全如此。

第一，在大多数情况下，平台并不处于垄断地位，因为在市场中通常至少有少量边缘竞争者。第二，所有的科技巨头都可以被视作寡头垄断的一部分，在尚未临界的角落市场中竞争。[28]此外，将数据认定为进入市场所必需的、不可复制的关键资产（如固定电信基础设施和其他网络行业中的适当必要设施或者必要投入），肯定存在疑问。[29]

大数据之所以异于必要设施，与不同市场失灵间的区别密切相关。正如我们所看到的，"市场的终结"实际上是一个市场力量强大且竞争有限或者无竞争的世界，但在该世界中，企业掌握完美的市场信息，并利用这些信息决定每个消费者在某个时刻以特定的价格可以购买哪些产品和服务。这不会发生在经典垄断场景中，在该场景中虽然垄断者不仅仅是支配的、霸权的，但它依然无法以独占方式拥有和控制整个市场的信息资源和动态。

---

[27] Odlyzko (2016).

[28] Petit (2020).

[29] 很多数字市场熊彼特愿景的支持者认为，大数据并非进入市场不可逾越的障碍。根据熊彼特理论，将存在一个门槛，一旦超过该门槛，数据的规模和范围将递减，最终会出现收集更多数据带来零边际优势的情况。这种情况当然使得数据量以及平台规模和范围与行业进入门槛的相关性变得小很多。

第三节 （成为）市场的竞争与数据产权

理想的典型市场在经济学史中被描述为自由交易的地方，不允许对交易进行限制（放任自由），这能够让市场参与者包括企业、消费者和工人的处境都得到改善。

为了解释该现象为什么发生，亚当·斯密阐释了"无形之手"这一著名的隐喻，即一只激励民众、推动物品和资源流动的理想之手，使得当事方对所有交易的结局都满意，这是因为自利行为产生（意想不到的）社会期望的结果。[30]亚当·斯密的"无形之手"被广泛援引为自由市场动态这一事实的早期非正式描述。在一个完整竞争的市场，"无形之手"将带来资源的有效分配[31]和净社会效益的最大化。

另外一位杰出的经济学家莱昂·瓦尔拉斯（Léon Walras）解释了"无形之手"如何催生有效率的且社会期望的结果。瓦尔拉斯以理想的"拍卖人"替代"无形之手"的隐喻，该拍卖人获取了市场上所有卖方和买方的出价，然后为有效率的交易制定均衡价格。[32]

最后，弗里德里希·冯·哈耶克（Friedrich von Hayek）指出，这两个隐喻，"无形之手"和"拍卖人的手"，实际上都描述了市场竞争能够免费揭示否则会（无用）丢失的信息。[33]搜寻最优惠的价格或者愿意支付更高价格的购买者是高成本的活动，因为它们需要时间、四处活动、广告投入、市场调研等。事实上，在新古典主义的市场中，竞争机制（即企业间的分散竞争和消费者的自由选择）比所有可能的替代机制都

128

---

[30] Smith（1776）.
[31] 根据福利经济学的标准结果，市场中的一般经济均衡——消费者和企业最大化他们的效用函数——产生这样一种资源分配，即不可能在增加一个人的福利的同时又减少另一个人的福利（帕累托效率——分配效率）。市场失灵发生在这些福利经济学结果不成立的时候，如市场力量、外部性、公共产品、信息不对称、非完全市场的情况。
[32] Walras（1900）and Walras（1954）.
[33] Von Hayek（1978）.

更有效，因为它能收集和揭示所有分散的信息，从而使得交易和搜索的成本与时间降为零。一旦信息被披露，它就成为公共产品，因为所有人都能观察到交易和均衡价格（信息具有非排他性和非竞争性[34]），每一个市场参与者都能利用这些信息以提升效能/利润为目的作出生产和交易的决策，从而提升市场的整个分配效率。

129

下面我们回到讨论的重点：斯密、瓦尔拉斯和冯·哈耶克的观点在数字市场中似乎都成为现实，因为数字市场中的交易和信息搜索成本接近于零，且信息几乎是完美的。[35]尽管如此，数字市场中的信息显然并不能为所有人观察到。平台并不向市场的不同方面披露信息，而是将信息内部化并转变为排他的信息租金。通过这种方式平台不仅努力扩大他们的市场力量，还试图成为市场本身，具有收集所有分散的私人信息的能力，并保留这些信息。

这实际上属于市场失灵，但与市场力量有着内在不同。相反，后者对数字平台而言可能不是实际的市场失灵，因为平台有能力实施完美的歧视待遇，从而能够有效配置资源、避免无谓损失（当然，很多人认为，这是不公平的，因为平台攫取了所有消费者剩余）。与之相对，市场信息的内部化成为竞争市场运作的核心，并深刻改变市场运作。数字平台的力量和主导性并非自由竞争市场中产生的熊彼特动态复制的结果，而是一个更加永久性的力量（缺乏公共介入），平台取代市场（某种程度上还取代执法者）成为新的机制发挥作用。[36]总体而言，这就是

---

　　[34]　信息是一种公共产品，这体现在以下两个方面：（1）某个主体消费或访问该信息不意味着其他主体不能同时利用该信息（消费的非竞争性）；（2）信息一旦产生，生产者很难阻止其他未付费的主体使用该信息（消费的非排他性）。理论上，信息可被大量主体无限消费，排除第三方访问信息的能力取决于很多因素。例如，引入版权授予作者一个临时的完整产权，即在成为公共产品前一定年限内享有版权。在这类情况中，经济动机是为了补偿智力劳动的创造性付出。但是，很多专家认为，在包含我们数字足迹的数据中并无创造性，因此数据应当归入公有领域，任何人都能基于数据已经披露的事实而访问它们。尽管如此，这一得到 Néstor Duch-Brown, Bertin Martens and Frank Mueller-Langer (2017) 一文支持的论点与这一事实相冲突，即公共数据并不总是披露于公共环境；一旦披露，它们也会因代理同意为独家使用，并且仅仅是出于广告分析目的而获得。
　　[35]　See Posner and Weyl (2018).
　　[36]　正如已经观察到的，同时使用多个网络平台（多宿主）能在特定情况下部分缓解这种情况。尽管如此，欧盟委员会已在谷歌搜索案中揭示，多宿主的普及水平并没有达到足以反制科技巨头市场力量的程度。

为什么讨论科技巨头的经济实力比谈论它们的市场力量要准确得多。

因此，根据熊彼特的"创造性破坏"观，领先企业在市场中是可替代的且存在周期性替代现象，而数字平台却走向这种可替代性，即市场替代领先公司（指领先公司自身成为市场）。确实，成为"市场"是避免在市场中被替代从而打破熊彼特循环的有效途径。换句话说，在市场中不存在竞争，不仅没有争夺市场的竞争，也没有成为市场的竞争。[37]该习惯说法强调了竞争的两个趋势，即导致一个类垄断的市场结构，[38]以及这样一个事实——制度框架事实上被私有化、分层集中化，即平台。在这种背景下，竞争法介入对于重建竞争动态可能并不有效，且基于同一个原因，大数据的拥有者不同于必要设施所有者。

与此同时，公共产品（信息）事实上由私人所有，仅能由出于不同目的从用户那里获得排他使用许可的平台利用。在这个背景下，隐私和数据保护规则也可能不再有效，甚至可能导致一个未预见的次生影响，成为垄断数据商业利用的法律保障。事实上，数据保护并没有如一些人所误信的那样制止平台对数据经济的剥削，而最终只是将数据作为一种经济商品从市场上移除。简言之，这会创造一对矛盾，即一方面通过同意和排他的数据利用来保障隐私，另一方面数据的经济价值被第三方独占攫取，这对数字生态中的竞争是毁灭性的。

下一节将勾勒出有关建立一个推动竞争的事先规范框架的政策辩论。尽管如此，基于去中心化市场力量约束平台的补充性方案似乎是可能的且可取的。与往常一样，该方法基于赋权消费者，在这个具体情况下是指优化界定用户对他们的数据享有的权利。这使市场力量能够处理前述核心被忽视的市场失灵问题，即私有市场信息以及数据和免费服务间的隐性交易。

为了解释该观点，我们必须引用另一位经济学家罗纳德·科斯

---

[37] Marciano et al. (2020).
[38] 与市场竞争的传统内涵一致，其指向支配标准的新定义或者易于导致垄断市场结构的商业模式。Geroski (2003).

(Ronald Coase) 的理论，他解释道，当哈耶克的市场因为定价的交易成本过高而不起作用时，公司往往会将这些交易和关系内部化。[39]在这种情形下，企业及其层级集中的关系是对市场失灵的补偿。此外，双边数字平台也是补偿市场失灵的机制，这通过解决（即内部化）（有效）匹配和连接不同市场参与者群体所需的外部性和高交易成本来实现。

尽管如此，在这个框架中大型数字平台也意在集中和内部化发生在平台用户端的数据和免费服务之间的交易，使之成为其与用户关系的有机构成，从而将交易隐性化。该隐性交易在合同框架内发生，本质上是不完整的，因为平台拥有更强大议价和重新谈判能力。因此，用户或者说数据提供者/主体与平台之间的关系和企业内部中心化的有机关系非常类似。

对平台而言，除了通过免费策略扩大用户基础外，隐性数据交易的主要原因在于掩饰：这是一种避免揭示数据作为经济产品（即价格、支付意愿和数量）的方法，也是回避强调数字市场存在的一种方法。数据作为经济产品有供求市场，能创造价值。数据的供求已被内部化至一个垂直整合的组织机构中的事实（数据资产被获得用户同意的平台排他占据）并不意味着不存在一个（潜在的）市场。

事实上，在数字世界里通过算法化的消费者赋权，以极低的交易成本给数据定价有极大的可行性。[40]因此，将数据交易内部化在一个有机关系中没有必要，相反，中心化/内部化导致额外的交易成本。在可以有效利用市场和分散交互的情况下，前述做法与垂直整合一样低效。显然对公司而言，如果存在准垄断租金，放弃中心化的关系将导致包括租金损耗、生产效率在内的机会成本。不过社会福利将会得到提升。

因此，一个透明的、运作良好的数据市场将是最有效的解决方案。尽管如此，开创数据市场面临很多问题，因为数据作为经济产品，其产权在当下的法律系统中本质上是不完整的，故而普遍存在模棱两可的问

---

[39]　Coase (1937).
[40]　这正是某些软件和应用程序的工作。

题。[41]拥有产权意味着所有者有可以作为特定经济交易主体的权利。事实上，创新经常会制造与现存产权的紧张关系，改造它们并创制不清楚包含哪些权利的非完整产权。

　　根据罗纳德·科斯另一个理论，市场良好运作的前提是商品须有明确的产权，然后可以在市场上进行交易，市场将解决不同主体因制造外部性而产生的矛盾。[42]相反，如果利用市场机制的成本太高，则通过私人协调（公司）或者对私权进行监管将成为解决问题更有效的方案。

　　在缺乏清晰产权界定的基础上交易数据在技术层面会导致市场失灵，即市场无法自动产生适当水平的供给以及有效率的分配。此外，在隐性交易的过程中，另一个矛盾出现了：对某些信息使用的权利仅在交易后产生并得到认可，但仅限于接收信息的人，即专门使用信息、从中提取和挪用经济价值的平台。在交易之前用户对其产生的个人数据不享有任何产权。

　　事实上，根据流行于前数字时代的法律解释传统，个人数据权不属于财产权，因为它们作为我们存在的无可商量的必要部分，与个体无法分离。我们可以为特定用途将其委托给他人管理，但仅限于特定目的且处理和披露方式受限。这解释了数字隐私保护作为确保个人数据不可转让与不可交易的起源。

133

　　尽管如此，在数字时代，对个人数据的此种解释（不幸地）显得不切实际。在实践中，尽管存在数据保护，信息的公共产品属性使得制止电商平台、云计算经营者、社交网络、搜索引擎等收集和利用网民的数据变得越来越难。当数据非基于合同关系被收集时，如在物联网上，这种情况甚至变得更严重。[43]正如我们所看到的，数据接受者利用数据资

---

[41]　Demsetz (1967, 1998) and Nicita et al. (2007).
[42]　Coase (1960).
[43]　有很多例子显示，数据和图片挖掘发生于没有合同关系和用户同意的情况下，作为数据的来源方根本不知道其数据被利用。

源在另一个领域进行经济交易,如向广告商提供个性化广告位。因此,数据的增值是向用户提供服务的副产品。

是故,解决问题的一种激进但不过激的方法是界定(完整的)数据财产权(控制权),或者更好地界定对数据本身的某些使用的控制权,而不是遵循旧的没有商量余地的同意规则。某些使用作为不可处分的权利(如转让某人的姓名)保留于个人领地,其他的使用可归入公有领域(交通、环境保护、健康政策等的汇总数据),而还有一些使用则可用于明示的市场交易和谈判。对于最后一种情况,应当针对某些数据用途设定相关的产权或者赋权,这样一个明确的、透明的市场交易才会发生。这些做法不会使数据失去它们的"人格权"属性,因为数据的原始所有者是产生数据的人,因而他也能保持剩余权利的完全掌控。尽管如此,在经济学视角下,这将被当作商品化权对待:[44]如个人肖像以及它的商业利用权。[45]

134　　　界定合理的数据财产权一方面能够避免数据的占有和利用事实上只掌握在这些获得同意的平台手中,而是将数据归还给用户,即数据指向的主体。另一方面,它还能够解决隐私保护和保障竞争之间的潜在冲突,赋予数据所有者形式上和实质上的机会来安排他们数据的利用。如将数据在有限期间内授予第三方。数据的可携带权(第四章第四节)已经在某种程度上反映该逻辑。

最后,界定合理的数据财产权能够使数据的交易和议价变得明确,这将作为最终可能出现的透明数据市场的基石。这个简单的结果对于制定有效的公共政策和监管补救措施来说是一项难以置信的整体改进,因而能够解决核心市场失灵的问题。

---

[44] 商品化权使人们有权控制对他们名字及肖像的商业性使用。Dogan and Lemley (2005) and Grady (1994).

[45] 通过对个人数据适用知识产权法也能获得类似结果。see Trakman et al. (2019).

参考文献

AGCOM. (2019). Report on online platforms.

Baker, J. (2019). The antitrust paradigm. Harvard University Press.

Bork, R. H. (1978). The antitrust paradox: A policy at war with itself. Basic Books.

Coase, R. (1960). The problem of social cost. Journal of Law and Economics, 3, 1—44.

Coase, R. (1937). The nature of the firm. Economica, 4 (16), 386—405.

Crémer, J., De Montjoye, Y.-A., & Schweitzer, H. (2019). Competition policy for the digital era. A Report for the European Commission.

Cunningham, C., Ederer, F., & Ma, S. (2021). Killer acquisitions. Journal of Political Economy, 129 (3), 649—702.

Demsetz, H. (1967). Toward a theory of property rights. American Economic Review, 57 (2), 347—359.

Demsetz, H. (1998). Property rights. In The new Palgrave dictionary of economics and the law (pp.144—155). Palgrave Macmillan.

Dogan, S. L., & Lemley, M. A. (2005). What the right of publicity can learn from trademark law. Stanford Law Review, 58, 1161—1220.

Duch-Brown, N., Martens, B., & Mueller-Lange F. (2017). The economics of ownership, access and trade in digital data. JRC Digital Economy Working Paper. 2017—01.

Eisenmann, T. (2006). Winner-take-all in networked markets (Background Note). Harvard Business School.

Eisenmann, T., Parker, G., & Van Alstyne, M. (2011). Platform envelopment. Strategic Management Journal, 32 (12), 1270—1285.

Evans, D., & Schmalensee, R. (2016). Matchmakers: The new economics of multisided. Harvard Business Review Press.

Furman, J., Coyle, D., Fletcher, A., Marsden, P., & D. McAuley (2019). Unlocking digital competition. British Digital Competition Expert Panel.

Gautier, A., & Lamesch, J. (2020). Mergers in the digital economy (CESifo Working Paper No.8056). Available at SSRN: https: //ssrn.com/abstract= 3529012.

Geroski, P. (2003). Competition in markets and competition for markets. Journal of Industry, Competition and Trade, 3, 151—166.

Grady, M. (1994). A positive economic theory of the right of publicity. UCLA Entertainment Law Review, 1, 97.

Hovenkamp, H. (1994). Federal antitrust policy: The law of competition and its practice. West Group Ed.

Hovenkamp, H. (2021). Antitrust and platform monopoly. Yale Law Journal, 130, 8.

Khan, L. (2016). Amazon's antitrust paradox. Yale Law Journal, 126.

Khan, L. (2018). The ideological roots of America's market power problem. Yale Law Journal Forum, 127, 960.

Latham O., Tecu I., & Bagaria N. (2020, May). Beyond killer acquisitions: Are there more common potential competition issues in tech deals and how can these be assessed? Competition Policy International, Antitrust Chronicle.

Marciano, A., Nicita, A., & Ramello, G. B. (2020). Big data and big techs: Understanding the value of information in platform capitalism. European Journal of Law and Economics, 50, 345—358.

Motta, M., & Peitz, M. (2021). Big tech mergers. Information Economics and Policy, 54.

Nicita, A., Rossi M. A., Rizzolli, M. (2007). Towards a theory of incomplete property rights. American Law & Economics Association Annual Meetings, n. 42.

Odlyzko, A. M. (2016). The growth rate and nature of Internet traffic. Transactions on Internet Research. Special issue on New Developments on the Web, 12 (1), 39—42.

OECD. (2020). Start-ups, killer acquisitions and merger control (Background Note). DAF/COMP (2020).

Patterson, M. (2017). Antitrust law in the new economy: Google, Yelp. LIBOR, and the control of information. Harvard University Press.

Petit, N. (2020). Big tech and the digital economy: The moligopoly scenario. Oxford University Press.

Posner, E. A., & Weyl, G. (2018) Radical markets: Uprooting capitalism and democracy for a just society. Princeton University Press.

Posner, R. (2001) Antitrust law. University of Chicago Press.

Prat, A., & Valletti, Attention Oligopoly (May 25, 2021). American Economic Journal: Microeconomics, Forthcoming, Available at SSRN: https://ssrn.com/abstract=3197930.

Schumpeter, J. A. (1934). The theory of economic development. Cambridge University Press.

Shy, O. (2001). The economics of network industries. Cambridge University Press.

Smith, A. (1776). An inquiry into the nature and causes of the wealth of nations (Book IV, Chapter 8, 49). Methuen & Co.

Tirole, J. (2020). Competition and the industrial challenge for the digital age.

Available at: https: //www.tse-fr.eu/sites/default/files/TSE/documents/doc/by/tirole/competition_and_the_industrial_challenge_april_3_2020.pdf.

Trakman, L., Walters, R., & Zeller, B. (2019). Is privacy and personal data set to become the new intellectual property? IIC, 50, 937—970.

Von Hayek, F. (1978). Competition as a discovery procedure. In F. A. von Hayek (Ed.), New studies in philosophy, politics, economics and the history of ideas (pp.179—190). Chicago University Press.

Walras, L. (1900). Éléments d'économie politique pure. Routledge.

Walras, L. (1954). Elements of pure economics (translation of the fifth edition by W Jaffé).

Wu, T. (2018). The curse of bigness: Antitrust in the new gilded age. Columbia Global Reports.

第六章　监管科技巨头与它们的经济力量

摘要:竞争执法已成为公权力介入数字市场的先驱，这主要是因为它的执法弹性和能力能够适应新的市场情况。尽管如此，很多人认为竞争执法太慢且不完全有效。基于这些观点，关于如何在数字平台经济中处理整个竞争和消费问题以及什么是对数据经济最有效的政策，在全球范围内引起了激烈的公共政策讨论。作为讨论结果，欧盟委员会发布数个重要的政策行动，如《数据治理法案》《数据法案》《数字服务法案》和《数字市场法案》。《数字市场法案》基于对竞争法判例的"编撰"，意在通过实施事先监管提升可执行性，但这可能没有充分考虑核心平台服务与不同守门人平台商业模式的异质性。尽管如此，《数字市场法案》解决了数字市场中的主要关切，尤其是利用和访问数据。事实上，有关数据可携带、兼容性与赋权终端用户（也是通过数据中介）的规则能够处理主要的数字市场失灵，并逐步为整个生态系统启用下一个中立的面向未来的路径。

关键词:科技巨头的力量　竞争法　监管　欧盟数字和数据政策《数字市场法案》

第一节　竞争法或监管？何种类型的互补和选择性干预？

科技巨头对数据的利用（参见第五章第二、三节）基于以下三个主要特征：

(1) 交易是基于多边市场中数据和廉价或免费服务间的隐性交换；

(2) 这些交易对消费者的交易和搜索成本有实质性的影响，使之达到成本效益的结果；

(3) 在网络市场交易中"披露"的分散化的、非集中化的信息不再是公共产品，正如每个人都可以观察到的，数据事实上被（纵向和横向）集成的大型平台内部化利用，从而成为"市场"。

接近于准垄断市场，即拥有所有可能的注册用户、掌握越来越多的市场，大型平台获得体量越来越大的用户数据，因而能够甄别出每个用户的偏好和支付意愿，进而能够实施完美的价格、质量和供给歧视。这种效率循环以及随之而来的规模增加，会促使用户在隐性交易中越来越多地用数据交换服务，并作为惰性消费者被锁定于"信息数字售后市场"。

竞争者能否打破这个"闭环"是一个复杂的问题，取决于创新能否克服数据劣势以及什么样的创新能做到。

为了对数字平台的经济力量做个性化评估，必须评估如下特定条件：[1]

(1) 被收集数据的性质和其他特征；

(2) 算法的效率（这也取决于数据的特征）；

139

(3) 网络经济（增加消费者离开平台的机会成本，在其他平台难以获得同样的优势）；

---

[1]　Stucke and Grunes (2016).

(4) 规模经济（平台的规模使它能够降低参与成本）；

(5) 范围经济（使平台能够降低服务供给端的成本）；

(6) 当用户抛弃现有平台迁移到竞争者平台时，用户为了保持同等的网络效应需承担的协调成本；

(7) 缺乏兼容性（提升平台忠诚度、限制竞争性或补充性服务企业进入市场）；

(8) 数据的可转移性欠缺（同时增加用户离开平台的成本和进入新平台的成本）。

以上所有因素应当被综合考量以理解一个平台是否在市场中处于支配地位。由于大数据驱动平台的重要性、全球规模以及它们在供需方面的经济规模，它们通常被描述为处于支配地位。尽管如此，鉴于平台在更多市场与更多方之间扮演中介的性质，要界定哪些是目标相关市场依然很难。

事实上，作为甄别市场力量和支配地位的前提，监管者必须界定一个"相关市场"。

相关市场依据产品和地理因素界定。一个相关产品市场包含所有对于消费者而言基于产品特征、价格和预期用途等原因可互换或可替代的产品与服务。相关地理市场包括介入产品或服务供给的相关企业运营的地区，且在这个区域竞争条件充分同质化。

在数字生态经济中的重要理论观点之一是重新界定相关市场的概念，更宽泛地说，是竞争动态如何演进。事实上，创新进程持续地重塑竞争。从地理角度，竞争变得日益全球性；从产品角度，竞争有变得日益跨市场且呈集团化的趋势（涉及更多层面的整合，而非我们通常描述的竞争和组织现象——典型的横向与纵向整合）。②

上述事实导致的主要困境是反垄断机构和监管者必须在任何对市场的影响显现之前就迅速评估市场动态。这要求它们在增加错误的作为风

140

---

② Bourreau and de Streel（2019）.

险（即立即介入当前的市场力量结构，但后来却发现当前的结构并不损害市场，从而导致创新受损）与错误的不作为风险（即不介入当前的市场力量结构导致后果日益严重，并导致新的市场参与者难以竞争）之间进行选择，但它们事先并不知道哪个风险更大以及更有可能发生。

　　面临这些情况和不确定性，竞争法执法通常最先介入，因为它具有更高的灵活性和迅速适应市场边际演变的可能性。尽管如此，当面临激进的、破坏性的转型时，一个新的特设监管架构可能是最好的政策选择。当困境再次出现时，从制度视角采取政策辩论的形式来讨论竞争执法和监管之间的关系以及什么才是解决竞争问题和大型全球数字平台市场失灵的最佳政策工具。

　　此外，考虑到现有的反垄断监管路径，另一个重要的政策困境在于是否有必要重新考虑典型的反垄断监管工具以使它们能够适应数字生态挑战，或者政策制定者和监管者依然可以依赖传统的工具和机制。

　　作为一个总体性考量，当数字生态依然面临潜在竞争（或者即将来临的竞争）时，正如发生在网景和微软身上的那样，则一个软监管路径配上竞争执法和威慑，也许再加上重新思考和逐步调整某些典型的介入工具和原则，将可能是合适的政策选择。相反，如果垄断力量正如前一章所预测的那样已经固化和制度化，一个特设的监管架构似乎对于解决这些特定的市场失灵是必须的，而仅靠反垄断介入，至少是传统形式的反垄断介入，[3]无法克服这些竞争性问题。

141

　　在过去数年间，全球和欧洲都在深入探讨以回答这些问题，尤其是是否以及如何通过立法改革来应对网络平台与大型技术市场、议价和经济能力（参见专栏6.1）。最终，一个广泛的共识出现了，即当前的竞争法只能应对一小部分有关大型数字平台的反垄断问题，且关于它的有效性还存在争议。首先，欧盟委员会致力于对竞争法进行实质性改革，以克服它在适用于大型数字平台时面临的实体和程序缺陷（即市场界定、

―――――――――

　　③　正如很多学者主张的那样，反垄断监管的典型工具需要修正以应对数字生态的挑战，如 Tirole（2020） and Colangelo（2020）。

确定损害的清晰理论、证明标准、时间点、兼并控制的门槛等）。最终，正如第六章第三节所描述的，欧盟委员会起草了一个事先监管机制，该机制扩大了《P2B 条例》的范围和概念（第四章第三节），以确保守门人运营的数字市场在全欧洲都是公平的、无可置疑的。

专栏 6.1　数字战略公共报告

为了给政策制定者提供关于数字市场公共政策的有效指引，近年来全球范围内建立了数个工作组，包括欧盟委员会专家组、[④]德国"竞争法 4.0"特设委员会、[⑤]英国数字竞争专家组（弗曼报告）、[⑥]斯蒂格勒数字平台研究委员会（芝加哥大学），[⑦]以及由意大利反垄断局（AGCM）、电子通信与媒体局（AGCOM）和数据保护局（GPDP）联合出具的报告。[⑧]此外，英国竞争与市场管理局、[⑨]澳大利亚竞争与消费者委员会（ACCC)[⑩]也在它们的"市场制度"权力范围内出具了有意思的报告。所有报告在实质上处理如下四个主要问题：（1）升级竞争执法工具箱的要求；（2）为基于平台的大型公司量身制定的事先监管；（3）促进数据分享和兼容的新监管策略；（4）对公共机构制度设计的某些见解。

针对竞争执法出现了一些提议。根据欧盟委员会的报告，应当弱化对市场界定的强调，而更关注反竞争策略的损害和甄别。市场间的相互依存成为一项重要因素，在存在某种形式交易的情况下，平台的免费端也可能是市场的一个部分。[⑪]竞争政策的另一个关键缺陷在于执法不力，在数字时代尤其如此，因为平台的市场力量经久不衰，其危害可能比在传统市场中持续更长时间。因此，即使无法精确估算消

---

④　Crémer et al. (2019).
⑤　Schallbruch et al. (2019).
⑥　Furman et al. (2019).
⑦　Stigler Committee for the Study of Digital Platforms (2019).
⑧　AGCM et al. (2019).
⑨　CMA (2019).
⑩　ACCC (2019).
⑪　pp.44—55.

费者损害，在没有明确的消费者福利增加的情况下，支配性平台的任何排斥竞争者或者倾向于限制竞争的行为都应当被禁止。是故，欧盟报告建议调整举证责任分配，使被告承担以符合举证责任标准的方式证明涉案行为有助于竞争的义务。德国特设委员会则强调要改进对于相关市场定义的委员会通知，这涉及数字平台多边市场的相关性、锁定效应、SSNIP 测试在免费市场端的缺陷、创造空间（而不是市场）的相关性。此外，德国特设委员会还呼吁更广泛地使用弹性的、针对性的救济，尤其聚焦于恢复性救济（如要求主导性公司承担通过披露界面信息构建技术兼容性或者允许数据访问的义务也许对数字经济殊为重要，即使是在滥用拒绝兼容性或者数字访问不构成反竞争行为的情况下）。根据斯蒂格勒委员会的研究，反垄断法是时候重新调整它在误报和漏报风险之间取得的平衡了。也许应当修改反垄断法以减轻原告承担的证明责任或者使举证责任倒置。如采取这样的规则，即当原告提供初步证据的情况下推定存在反竞争损害，或者确保原告没有义务证明被告更了解且更容易获得相关信息的事项。

至于对平台的事先规制，重心在于新的特定行为规则。根据欧盟委员会的报告，由于平台制定规则的角色，支配性平台有特别的责任保障平台上的竞争是公平、无偏见且有利于用户的。该责任在平台扮演双重角色的情况下尤其需要，如在其运营的平台市场上销售自己的产品或提供服务。令人惊异的是，在市场份额显著低于 40% 时，中介力量以及因此而形成的规范力量也会存在。[12]在这一点上，德国特设委员会一方面聚焦于维持支配数字平台的可竞争性，另一方面通过保护用户作出有效选择以及决定如何处理和使用他们的数据的能力来强化消费者的地位。因此，德国特设委员会建议在欧盟平台条例

143

144

---

⑫　See Schweitzeret et al.（2018）：对于特定案件推荐降低控制滥用的介入门槛。在易于"临界"的市场中，即使低于支配门槛，也应当禁止能促使市场临界的单方行为。此外，平台作为中介时在某些情形下会拥有的"中介力量"在法律中需界定为一种独立的第三方市场力量形式，以区别于供给侧和需求侧力量的传统分类。

（EU Platform Regulation）中增设针对支配性数字平台（拥有一定的营业额或一定数量的用户）的新行为规范作为竞争法的补充，并提升支配性平台的透明度义务作为对《P2B 条例》的补充，针对支配性网络平台设置明确的禁止行为（而不是标准），但允许它们证明例外的正当性。值得注意的是，英国数字竞争专家组提出了一个新的"支配类型"：拥有战略市场地位的公司，指在数字市场中对通道和瓶颈施加市场力量的公司，它们控制了其他主体的市场入口，即对战略瓶颈市场拥有持久的市场力量。根据英国的报告，针对上述主体的竞争监管有助于保障和推动数字市场的有效竞争。为了达到这个目的，竞争与市场管理局下属的数字市场部应当被赋予对拥有战略市场地位的公司施加监管措施的职责。相应的，竞争与市场管理局有关在线市场和数字广告的市场研究中期报告建议为依赖数字广告提供收入来源的网络平台建立有利于竞争的监管体制。本着同样的精神，意大利执法机构出具的联合报告也指出降低数字公司/平台与用户之间信息不对称的需要。通过考量价格、数量以外的因素，如质量、创新和公平，反垄断法也能达成上述目标。基于类似的观念，澳大利亚竞争与消费者委员会建议改革隐私法和消费者法，引入特别规定禁止不公平合同条款和不公平的交易实践，以便纠正数字平台与消费者间议价能力的不平衡，同时确保消费者对于数据的知情权与控制其数据的能力。

对于数据分享，所有提案都意在通过行业特定规则推动兼容性以及消费者和企业对数据的访问。为了克服特别关注的锁定效应，欧盟委员会专家组主张，通过行业特定规则（如修订后的《支付服务指令》那样）建立一个数据访问机制，尤其是在数据访问为补充性服务打开二级市场的情况下。与之类似，德国特设委员会建议，制定行业特定规则针对支配性平台设置数据访问和数据可携带的义务，即落入平台条例范畴内的支配性网络平台有义务帮其用户实现数据的实时可移植性，并确保与补充性服务的兼容性。特别是，对德国专家组而

145

言，有理由对支配性平台施加额外的义务，以要求它们授予部分通信协议兼容性（即两种技术或服务在技术上相互连接的能力）和数据互操作性（一种持续的、实时的对个人或其用户数据的访问）。

从制度的视角，英国数字竞争专家组和斯蒂格勒委员会主张，数字局可作为反垄断执法的有益补充。这个新机构应当制定数字平台的行为规范、用开放标准监督个人数据的可移转性和系统，从而创设"轻管制"（light touch）规则（行为驱动），使得消费者能作出更好的选择，并将数据开放作为提升竞争的工具。相反，德国的报告反对为数字经济设立一个公共事业类监管的主意，而是主张提升跨行业间的信息搜集能力。德国希望在它的政府总秘书处下设置一个数字市场委员会，并在欧盟层面设立数字市场转型机构，赋予机构收集和处理市场发展信息以及协调成员国行动的权力。与此不同，澳大利亚的调查则不建议设立一个新的监管机构，而是在澳大利亚竞争与消费者委员会下设一个专门的数字平台部门。意大利联合报告强调，无论采用哪种制度模型，都要重视相关公权力机构间的"永恒协调"（即意大利反垄断局、电子通信与媒体局和数据保护局），因为一个针对大数据和数字经济的有效政策不仅建立在执法之上，还有赖于连贯的宣传活动。

146

第二节　塑造欧洲数字经济与数据战略

在上一节中描述的广泛全球辩论之后，欧盟委员会在 2020 年底开始优化其整体数字和数据战略。在"塑造欧洲数字未来"的通讯中，欧盟委员会提出了今后五年政策战略的主要支柱。[13]2021 年，欧盟委员会

---

⑬　European Commission (2020a).

在《数字化指南 2030》的通讯中将它的目光拓展到下个十年，展现了自己的蓝图和目标，制定了到 2030 年实现欧洲数字化转型的路径。[14]

最近一篇通讯针对数字化转型的四个要点指明了欧洲道路：(1) 部署安全高效的数字基础设施；(2) 企业的数字化转型；(3) 发展数字技能和素养；(4) 核心公共服务的数字化（数字政府和数字医疗）。数字化指南则聚焦于欧盟数字公民，涉及数字市场社会中的数字权利和原则。

2020 发布的通讯尤其关注平台竞争和监管。其关键点如下：

(a) 通过在内部市场推动数据控制和数据分享赋予公民权力。[15]因此，所有公司（无论是公有还是私有、大型还是小型、初创还是巨擘）都能在公平竞争的环境中访问数据，[16]通过为公司制定一贯的规则和"推动数据共享的更有力机制"。[17]本着同样的理念，欧盟寻求推行"欧盟政府互通性战略"，以保障安全跨国界公共部门数据流通和服务事项的协调与一致标准。通过这些措施，欧盟旨在建立一个"欧洲数据空间"，以数据驱动服务和产品创造的价值分享回馈给消费者和社会。最后，欧盟委员会希望为消费者提供一个普遍接受的公共电子身份（eID），使他们能够访问他们的数据，并安全地使用他们想要的产品和服务，而无须使用不相关的平台来这样做，也不必与这些平台共享个人数据。[18]

(b) 对于科技巨头，欧盟认为某些平台企业设法成功达到了一定规模，使它们能够成为"市场、消费者和信息的私家守门人"。[19]因此，平台的经济力量不损害欧盟市场的公平性和开

147

---

[14] European Commission (2021).
[15] European Commission (2020a).
[16] European Commission (2020a)："为大型企业和小型公司创建公平的竞争环境变得前所未有的重要。这意味着适用于线下环境的规则——从竞争和单一市场规则、消费者保护到知识产权、税收和劳工权——也应当适用于线上。"
[17] European Commission (2020a).
[18] European Commission (2020a).
[19] European Commission (2020a).

放性至关重要。竞争法能够应对数字市场的挑战则是关键。此外，欧盟委员会认识到，仅靠竞争政策无法解决平台经济中产生的所有问题。因此，需要一个有效的事前监管机制，欧盟所有关于数字服务的规则（税收、消费者保护等）都要加强和现代化，以明确网络平台的角色和责任。[20]

对于（b），为了给数字服务的用户创建一个受保护的数字生态以及为推动创新、增长和竞争建立一个公平的经营环境，欧盟委员会提出两项立法动议改进在欧盟境内监管数字企业的规则作为竞争法的补充，分别是《数字市场法案》与《数字服务法案》。这两个法案致力于开创一个更安全的数字空间，数字服务的所有用户的基本权利都将得到保护。本书将分别在第六章第三节和第七章第五节介绍和讨论它们。

对于（a）数据战略，欧盟委员会额外发布了一个特定主题的通讯，[21]承认如今"少数科技巨头掌握着世界上的大部分数据"。[22]这可能会抑制欧盟市场上数据驱动企业诞生、繁荣和创新的动力。尽管如此，欧盟委员会认为情况将会改变，因为未来数据的很大一部分源自工业和专业应用，而不是外国科技巨头控制数据中心和集中化的计算设施。[23]欧盟委员会倾向于设计一个避免聚合效应的政策战略，同时保留隐私、安全和伦理的高标准。

（a）（b）两项是紧密相关的政策。正如第五章第二节和第三节强调的那样，守门人的权力源自数据访问和利用的极端不平衡。大型网络平台能够收集、利用大量的数据，从而能够获得比中小企业更强的洞察力和竞争优势。反过来，平台提供者又利用它们守门人的角色巩固和扩大市场力量。结果是，潜在的竞争者越来越难以撼动它们的地位。[24]

148

---

[20] European Commission (2020a).
[21] European Commission (2020b) Communication EU data strategy.
[22] European Commission (2020b).
[23] 欧盟委员会指出，到2025年，20%的数据处理和分析会发生在数据中心和集中化的计算设施，而80%发生在汽车、家电或工业机器人等智联设备上以及其他用户身边的计算设施上（边缘计算）。European Commission (2020b).
[24] European Commission (2020b).

一个开放、有活力的欧盟数据空间将是未来数年间欧盟数据战略的重心。它将具备如下特征：消费者与企业间数据分享的顺畅流转、欧盟规则的有效执行（尤其是竞争法、数据保护法和消费者保护法）、数据的跨境传输遵从欧盟价值。㉕此外，为了促进技术创新，欧盟意图在符合数据保护立法和竞争法的情况下，推动建立大数据分析和机器学习所必需的数据池，㉖从而孵化数据驱动生态。为了便利数据池的建立，欧盟委员会将更新《横向合作指南》(Horizontal Co-operation Guidelines)，为利益相关方就数据分享以及聚合措施的欧盟竞争法合规提供更多指引。

无论是对公共部门的信息 [政府—企业（G2B）——《开放数据条例》(Open Data Directive)] ㉗还是在 B2B 中，数据分享都应当尽可能的便利。G2B 与 B2B 数据分享工具将在未来的欧盟《数据法案》（预计2022 年）得到重视。在《数据法案》中，欧盟委员会将开拓各种新工具支持个体行使其对于使用他们生成的数据享有的权利。该目标可由强化《通用数据保护条例》第 20 条赋予个体的数据可携带权来提供支撑，该条提升了个体对于谁能访问和使用机器生成数据的控制，主要体现为对实时数据访问接口施加更严格的要求、强制要求某些产品和服务产生的数据采用机器可读的格式，如智能家电或可穿戴设备产生的数据。此外，可以考虑针对个人数据应用程序提供者或新型数据中介（如个人数据空间提供商）制定规则，以保证它们作为中立经纪人的角色。

《通用数据保护条例》第 20 条规定的数据可携带权虽然可能促进竞争，但其旨在帮用户实现服务提供商的转换，而不是实现数字生态中的数据再利用。该权利存在操作上限制，因而欧盟委员会担心物联网数字服务的消费者可能依然会面临锁定效应、不公平实践以及歧视。

为了实施这些政策，需要针对数据访问和利用设立一个跨部门的治

㉕ European Commission (2020b).
㉖ 数据池将充当一站式商店，允许有意访问数据的团体与唯一的管理员洽谈。公司把他们的数据发送给平台，取回不显示来源公司的汇总数据。
㉗ Directive (EU) 2019/1024 on open data and the re-use of public sector information.

理框架。很多决定和措施将在欧洲共同数据空间治理的授权立法框架下实施。首先，这将包括一个用于确定标准化行为优先次序的机制，目的在于为数据集合、数据客体和标识符提供统一的表述和概览，以推动不同行业间的数据兼容性（即它们在技术层面的可用性），在相关时也推动行业内的数据兼容性。其次，应鼓励就《通用数据保护条例》法律框架下何种数据能够被利用作出决定以提高法律稳定性。

对托管、处理和利用数据兼容性的能力和设施的投资将得到激励。2021 年至 2027 年间，欧盟委员会将投资一个有关欧洲共同数据空间和联合云基础设施的高影响力项目。该项目将资助基础设施、数据分享工具、架构和治理机制建设，以促进战略经济部门和公共利益领域（移动数据、健康数据、能源数据、金融数据、农业数据、公共行政数据）数据分享与人工智能生态的繁荣。[28]

在提到的数据战略中，欧盟委员会建议制定《数据治理法案》作为繁荣欧盟数据驱动经济的重要基石。[29]

《数据治理法案》覆盖三个不同的要素。

首先，对于由公共部门掌握的数据，它使利用那些目前由于其敏感性而未共享的数据成为可能。简言之，这些数据由于涉及他人的权利而属于敏感数据。这些权利可能涉及知识产权或者商业秘密。根据新的规则，这些数据可被重新利用，因为即使它们被传输到其他国家，对它们的保护水平也得以维持。

其次，为了在保持对企业数据和个人数据控制的同时便利数据分享，《数据治理法案》为可信赖中介制定了原则。几个注意事项将确保这种信任。第一，中介有义务通知有权政府部门它们提供数据分享服务的意图。它们将确保对敏感和保密数据的保护。第二，中介须符合严格的条件以保障它们的中立性。在实践中，这意味着数据中介将作为连接数据持有者与数据用户的中立第三方。第三，《数据治理法案》

---

[28]　European Commission (2020b).
[29]　European Commission (2020c).

架构为大型平台当下的数据处理做法提供了替代方案。公共机构和企业只有在确信数据分享服务提供者仅会依据它们达成的协议利用数据时才会分享数据。这一切都是为了给那些愿意共享数据的人提供一个安全的环境。

最后，这些原则也适用于愿意分享他们自己个人数据或者为了公益捐献个人数据的个体。例如，罕见病患者可自愿分享他们的医学测试结果，从而被用来改进这些疾病的治疗方案。新的所谓个人数据空间可确保个体对他们数据的控制。个人数据空间也确保数据仅在被允许的目的范围内使用，如上面提到的医学研究的例子。

这个新的条例因此将能提供一个治理架构，确保数据持有者能够自愿分享数据，并为欧洲公共数据空间提供支持。它将使得企业，无论大小，都能够从增强的、更容易的数据访问中受益，并从减少获取数据的成本和时间中受益。

第三节 《数字市场法案》提案：面向下一个世纪

欧盟委员于 2020 年 12 月提出的《数字市场法案》是一场持续辩论的结果。[30]该辩论我们在第六章第一节已经讨论过了，即是否以及如何解决大型平台的经济和市场力量问题。初步政策结果以某种方式建立在定义的基础上，拓展了现有《P2B 条例》[31]（规制网络平台和它们用户之间的某些关系，参见第四章第三节）所依据的概念范围，将基本原理和范围延伸至最终用户。事实上，正如欧盟委员会在公开报告中作出的政策暗示，委员会最终放弃了可能的反垄断法改革，而是以《欧盟运行条约》第 114 条为法律基础提议构建一个有利于竞争的事先监管机制，以

152

---

[30] European Commission （2020d） Proposal for a Regulation on contestable and fair markets in the digital sector （Digital Markets Act, DMA）, COM （2020） 842 final.
[31] Regulation （EU） 2019/1150 on promoting fairness and transparency of business users of online intermediation services （P2B Regulation）.

推动市场竞争并营造一个更好的平台环境。[32]

　　《数字市场法案》目前正在欧盟议会与欧盟理事会进行政策辩论，因此最终的版本将会有重大修改。尽管如此，欧盟决策者制定《数字市场法案》有着固定的双重出发点：(1)竞争法不足以有效应对某些核心平台服务提供者造成的缺乏竞争与不公平实践问题；(2)根据欧盟的辅助性原则（《欧盟运行条约》第5条），为了在所有欧盟成员国为大型数字平台创设适用一致的统一规则，欧盟层面的介入是必要的。

　　根据欧盟的合比例性原则（《欧盟运行条约》第5条的另一面），《数字市场法案》的监管措施明确限于核心平台服务，包括网络中介服务、网络搜索引擎、社交网络、视频分享平台服务、独立于号码的人际电子通信服务、操作系统、云服务和广告服务（其他数字服务也可能被列入清单）。尽管如此，根据《数字市场法案》提案的第17(a)条，会根据市场调查结果将新服务加入列表。

　　与竞争法救济不同，《数字市场法案》下监管义务的施加并不取决于核查在不同相关市场具有支配地位的公司的单方行为。《数字市场法案》构建了一个事先的监管框架，即将成为核心平台服务的"守门人"作为受监管的必要充分前置条件。换言之，一个提供一项或多项核心平台服务的公司若符合以下三项主要标准则被视为守门人：(1)对内部市场拥有实质性的影响；(2)运营的核心平台服务是商业用户对接终端用户的重要窗口；(3)在它的运营中享有稳固的、持久的地位。[33]这些标准被认为涵盖范围可能过广，有人提出引入以"生态系统有机组合"为内容的第四个标准，[34]这与守门人的经济力量通常基于集群和集团的事实非常一致，其特征是相互依存的经济行为对同一组用户产生影响，而这

153

----

[32]　这是建立欧盟内部市场的标准协调程序，为很多特定行业立法提供了法律依据，如《欧洲电子通信法》(EECC)，Directive (EU) 2018/1972。

[33]　如果一家公司在至少三个成员国提供核心平台服务，且过去三个财务年度在欧盟境内的年营业额至少达到65亿欧元，或它在上一财务年度的平均市场规模达到650亿欧元以上，则推定其符合第一个标准。当平台在欧盟境内用户超过4 500万月活跃用户，并在上个财务年度在欧盟拥有1万年活跃商业用户，则推定其符合第二、三两个标准。

[34]　De Streel et al. (2021)。

正是我们在第五章第一节中讨论的平台包抄策略。

《数字市场法案》提案包含一个很长的清单，详细列举了施加给特定守门人的事先监管义务。其中两个是关键的程序义务，施加了特定的信息责任。尤其是，守门人必须（a）通知欧盟委员会任何兼并其他守门人、核心平台服务提供商或者其他任何活跃于数字生态的公司的计划；（b）请独立核查员对核心平台服务使用的消费者画像方式进行稽查，并将结果告知欧盟委员会。义务（a）是为了应对数字市场反垄断执法中一个最关键的问题，即兼并与收购控制（参见第五章第一节和专栏5.1）。通知义务（b）则是为应对公共机构缺少平台内部如何运作的信息，这是构建一个全面有效的公共监管能力的众多制约之一（参见第一章第一节和第四章第一节）。《数字市场法案》包含18项实质性义务、规范四个主要领域的关切：（1）数据的使用和访问；（2）兼容性；（3）商业用户与守门人和终端用户的互动；（4）终端用户赋权。其中一些规定于第5条项下，它们无需进一步的细化即可执行；而另一些位于第6条项下的规定，则需要由守门人与欧盟委员会之间的"监管对话"进行细化。所有这些规定都能直接适用，因为《数字市场法案》认为这些行为是尤其不公平或者有害的，而无需更进一步的分析或个案认定。与竞争法执法或者一个可能的原则性的事先监督（即符合立法中原则的具体义务在市场分析后由监管者施加）相比，这种设定当然会在程序速度上获得高分，这也是《数字市场法案》的目标之一。然而，并非偶然地，基于原则的监管通常在复杂和动态的市场环境中被采用，在这种情况下，确定性和灵活性之间存在权衡。换言之，在降低执法成本（有效的监管产出）和市场整体福利（有效的监管结果）之间需要权衡的情况下，基于原则的监管通常是必要的。《数字市场法案》采用的义务直接适用架构可能会以某种方式牺牲监管结果的效率，即对福利的整体影响，以促进有效的监管产出。

从实质性的角度来看，正如其他行业（尽管核心平台服务并不是一个行业或部门）采用监管架构所发生的那样，如电子通信行业，有利于竞争的事先监管架构中界定的大部分义务都是现有竞争法判例和诉求"编纂"的结果，目的是明确追求促进竞争的目标。

正如那些受亲竞争监管规制的行业发生的那样，核心平台服务的守门人同时受到竞争法禁止规范和新监管规则的规制，这两种规制互为补充，因为竞争法被认为无法有效地处理那些市场环境中的实践。[35]这种制度设计拓展了数字市场中竞争政策工具的范围，现在不仅包括竞争法还包括亲竞争的监管。这两种政策工具在数字市场中的相互作用完全与现有的欧盟判例法相吻合（即 2010 年的德国电信案），最重要的是符合现有欧盟法律渊源间的层级关系。事实上，竞争法作为第一层级的法律由《欧盟运行条约》规定，而监管法则属于次级法律。因此，《数字市场法案》不会产生限制《欧盟运行条约》第 101、102 条适用的法律效果。事实上，《数字市场法案》明确它的目标是作为竞争执法的补充，它的适用也不得违背《欧盟运行条约》第 101、102 条。[36]

事实上，《数字市场法案》的目标与竞争法一致，同属于竞争政策的范畴。两个不同的公共行动及其结果可合理地等同于满足特定公共利益的服务或产品，或者称为法律追求的"公共需要"更合适。在这些意义上，那些公共行动跟所有产品一样，理论上可以是独立的，或者是具有某种程度上的互补性或可替代性特征来满足公共需要（根据公共需要来评估它们的构成与相互作用）。换言之，如果竞争法与《数字市场法案》对平台的监管具有互补关系，那么它们将相互补充以追求一个共同的（或非常相似的）目标。

与之相反，提议中的条例明确表示，《数字市场法案》追求的目标"不同于竞争法术语界定的保护任何市场上的竞争不受扭曲"，而是确保存在守门人的市场保持公平与可挑战性，这"独立于守门人行为实际的、可能的或推定的影响"。[37]

---

[35] Manganelli and Nicita (2020, section 3) 讨论了电子通信行业；Chirico (2021)，则专门论述了《数字市场法案》。

[36] Recitals 5 and 9 DMA.

[37] Recital 10 DMA.

137

事实上，无论是不同的法律基础还是不同执法工具和原则都没有暗示，《数字市场法案》保护的法律利益和欧盟竞争法保护的利益不同："它们都保护公平和非扭曲的竞争，但并不（必然）与竞争法术语界定的含义一致。"[38]欧盟竞争法与《数字市场法案》实质上有着共同的目标，虽然后者应被解读为重新校准欧盟竞争政策目标的一种努力：从保护消费者福利回归保护竞争的过程。

根据《数字市场法案》第10（2）条，在下列情况下，一项行为是不公平的或者有限制挑战核心平台服务的效果：（1）商业用户的权利和义务不对等，且守门人从商业用户处获得的优势与其向商业用户提供的服务不成比例；或（2）由于守门人的这种做法导致市场的可挑战性变弱。

这些界定非常模糊，但似乎也落入了竞争政策的范畴。市场可挑战性显然是竞争政策的一项目标。《数字市场法案》所称的公平并不指重新分配行为，而是对支配地位的市场参与者的议价和市场力量的一种制衡，这也是亲竞争监管的典型目标。此外，《数字市场法案》将公平性和可挑战性这些术语近乎完全作为一个概念使用。事实上，《数字市场法案》并没有给每个具体的目标设置相应的救济，第7条仅明确要求"守门人履行第5、6条规定的义务所采取的措施需能有效达成相关义务的目标"。[39]无论如何，尤其是《数字市场法案》的规定所体现的那样，"最好将这两个目标理解为竞争政策的重要组成部分"。[40]

政策制定者意图构建一整套义务[41]以对数字市场产生累积性的亲竞争效果，从而系统地解决数字市场特有的市场失灵。[42]这意味着第6条中义务的进一步细化以及对第5条的遵守应以每一项义务旨在解决的特定

---

[38]　Schweitzer（2021）.

[39]　De Streel et al.（2021）.

[40]　Larouche and de Streel（2021）.

[41]　一方面各项义务间互为补充，另一方面作为竞争执法的补充。此路径超越《欧盟运行条约》第102条能够达到的效果，该条只能追溯性地应对支配性公司采用的某些形式的封堵策略。

[42]　Monti（2021）.

市场失灵为基础。

事实上，"《数字市场法案》实施的一个主要挑战是区分平台通过（数据驱动）网络效应创造的积极效率、福利收益与消极的反竞争、福利减损的平台行为。亲竞争的救济不能损害平台的效率收益"。[43]

换言之，追求可挑战性和公平的义务应当定位于救济特定的市场失灵，但不得破坏市场（静态的和动态的分配）效率。

至少就不对称监管而言，（生产的和分配的）效率和公平（即重新分配的考量）应当是针对数字平台的任何亲竞争监管框架的核心。当如《数字市场法案》那样仅将义务施加于某些市场主体（而非所有），因为这些市场主体的特征以及它们的行为可能造成影响，那么就有必要对市场的实际影响进行切实分析。事实上，对数字平台进行以效果为基础的监管应当在如下两者间进行平衡：（1）平台"创造"的信息和提供的服务的静态和动态的市场价值；（2）对商业用户、潜在竞争者和最终消费者的公平性。正如一些学者所建议的，该平衡可由如下两个措施达成：（1）引入某种效率和比例性评估作为抗辩——不过这有违委员会加速执法过程的目标，或者（2）实施一个初步彻底的成本—收益分析以选择并最终仅将那些能够整体提升福利效果的义务规定在《数字市场法案》中，而不是拓展到所有守门人反垄断判例所涉及的某个或某些义务。一个中庸的、更平衡的解决方案可能是根据不同的数字市场（不是为竞争法目的严格界定的相关市场）、守门力量的性质和模式以及（也许考量守门人数量之少）守门人平台自身来区分救济。

这一点至关重要：尽管在促进竞争的受监管的行业（如电信市场）中，所有现有运营商的商业模式相似，它们行使市场能力和议价能力的方式也非常相似，但恰恰相反，想要完全协调不同核心平台服务之间的事前补救措施问题重重，原因很简单，仅仅因为数字市场不只存在于一个行业之中。

157

---

[43]　Cabral et al. (2021).

即使仅仅考虑 GAFAM 联盟，它们也都有非常不同的特征（参见第五章第一节）。虽然它们都可能符合核心平台服务的定义以及守门人量与质的门槛，但它们有不同的商业模式、收入来源、市场整合（包抄）策略、数据利用策略、兼容性和标准化路径。因此，守门力量在不同平台商业模式和核心平台服务间发挥作用的方式不同，这要求不同的监管救济。[44]

158　　仅作为示例，并非所有核心平台服务都是扮演中介功能的双边平台：一些核心平台服务是单边的，如与数字无关的人际通信服务与云计算服务。[45]此外，不同核心平台服务的特点是规模在供给侧、需求侧（网络外部性）和数据方面的重要性不同，因此驱动集中的因素也非常不同。[46]

针对这点不同，在当前版本的《数字市场法案》提案中，救济措施的弹性在形式上仅限于通过比例原则来进一步细化义务（第6条）。正如前面所强调的，[47]这种弹性不足的风险会降低规则的有效性，有碍于达成架构目标，并可能产生意料之外的后果。一个更有市场针对性的路径将可能更好地适应数字平台多样化和动态性的特征。这是英国采用的路径，即每个具有"战略市场地位"[48]的网络平台面临的事先监管义务都由特定的行为准则规定，而该行为准则由竞争与市场管理局下属的数字市场部与指定的公司合作制定（联合监管）。此外，《数字市场法案》体现的有限弹性可能对规则适应市场变化的能力产生影响，变化是数字市场极其重要的特征。事实上，提议中的条例为欧盟委员会更新第5、6条中的义务清单提供了可能性，即通过颁布授权法案添加新类型的有害

---

[44]　Caffarra and Scott Morton（2021）.

[45]　De Streel et al.（2021）. 此外，这两个服务已由欧盟法监管，且应当对那些规则进行协调：与数字无关的人际通信服务由《欧洲电子通信法》规制，需遵循透明度和兼容性义务——《欧洲电子通信法》第61（2）条；云计算服务则由《数据自由流通条例》（Free How of Data Regulation）规制，其鼓励通过行为准则来便利数据的流转与云服务商之间的切换——Article 6 Regulation 2018/1807 on a framework for the free flow of non-personal data in the European Union。

[46]　Ducci（2020）.

[47]　Caffarra and Scott Morton（2021）.

[48]　具有实质性的、稳固的市场力量和战略地位。

实践或删除过时的义务。尽管如此，在涉及新的不正当或反竞争行为时，欧盟委员会始终可以选择适用竞争法。如果一个新的不良行为由某一个守门人做出，且仅限于该守门人，则启动反垄断调查将可能是更好的选择。相反，面对一个总体的（实际的或潜在的）行为时，条例更适合于规范所有的市场参与者。尽管如此，该评估应当作为构建当下《数字市场法案》中义务的基础，避免将针对特定平台或案件设置的详细规则作（对所有守门人）一般化适用。

在这方面，有一些有意思的修正建议：（1）依据商业模式构建规则，从而为每个类别创设不同的规则；⁴⁹（2）不仅制定（两种不同的）黑名单，也要制定守门人行为的灰名单，表明哪些行为只是被推定为"不正当且违背可挑战性"，而守门人有机会证明其行为具有公平、亲竞争的本质和效果；⁵⁰（3）通过以下两点提升弹性和执法裁量权：其一，在特定情况下给予守门人从欧盟委员会寻求"豁免决定"的可能；⁵¹其二，以基于一般原则的方式制定额外的全面禁令，如发生在《关于不公平商业行为的指令》中的那样（参见第四章第三节）。⁵²当然，任何执法弹性都应当建立于中心化的制度构建上，以避免规则及其在成员国层面适用时的问题碎片化。事实上，从制度视角，《数字市场法案》以强中心化为基础，因为只有欧盟委员会有权适用这些规则。该设置的正当性在于守门人的全球性本质以及它们对市场的破坏性影响。事实上，其他的欧盟亲竞争监管架构和竞争法皆是去中心化的执法设置。然而，那样的制度设计是合理的，因为就监管而言，被监管对象主要为国内实体，而就竞争执法而言，2003 年的执法"现代化"发生在委员会和欧盟法院数十年的集中反垄断执法之后，这两个机构建立了一套稳固的核心判例法。

㊾　Caffarra and Scott Morton（2021）.
㊿　Cabral et al.（2021）.
51　例如，"如果（1）守门人或者核心平台服务的特殊情况意味着，对其施加义务将减损而不是提升可挑战性或公平性，或者（2）对特定守门人施加其他义务的积累效果使得让其承担特定义务对于达成可挑战性或公平性目标而言是非必要的或者不合比例的"。
52　Larouche and de Streel（2021）.

最后，似乎有必要提升《数字市场法案》与其他数字生态立法架构之间的协调，尤其是那些与数据相关的规则。正如第五章所描述的，一边是数据的收集和交换，另一边是数据的管理和定价，两者共同构成平台经济和平台的经济（即守门）力量的核心。建议中的《数字市场法案》构成对数据保护立法的补充，施加了透明度义务、禁止对消费者交叉画像，这将有助于《通用数据保护条例》中的高水平保护得到更好的应用。此外，《数字市场法案》第 6（1）（h）和（i）条规定了数据可携带权，该权利先前已规定于《通用数据保护条例》第 20 条，其给予单个用户"在技术上可行的情况下，将个人数据直接从一个控制者转移给另一个控制者"的权利。这将有助于规范数字巨头，使守门人的竞争者可能拥有相同信息并构建一个富有竞争性的公平市场（可挑战性目标）。

事实上，数据可携带权能够降低退出成本，即转换平台的机会成本，同时这还使得新的市场参与者能够获得用户数据，也能提供信息与个性化的服务。尽管如此，数据的可携带性实质上很可能仅产生有限的亲竞争效果。事实上，用户数据的可携带性与服务转换内在相关，因此，当转换成本过高而对用户的流动性构成障碍时（而这正因强大的网络外部性发生在科技巨头身上），数据的可携带性可能在大多数情况下无效。

换言之，数据可携带性通过在供给端创设一个形式上的义务来应对竞争问题，但用户实际上并没有能力行使相应的数据可携带权，因为网络外部性可能构成无法克服的转换和退出成本。顺便提一下，如果自由化（即废除排他的特别垄断权）没有与之相配套的亲竞争的监管架构去制衡先前垄断者的实质性力量，则电信市场也会发生这种情况。[53]事实上，在电信市场构建一个确保网络互通性的基本供给侧义务意在使网络外部性内部化，否则网络外部性意味着消费者要承担巨大的转换成本，而小公司或新公司进入市场面临巨大的障碍，这项监管救济将比照对应

161

---

[53]　Manganelli and Nicita (2020).

于给数字平台施加广泛的兼容性义务。

事实上，在电信架构内也能预见成员国监管者（与欧盟委员会一起）要求那些达到显著覆盖水平和用户占有率的独立于号码的人际通信服务（由"过顶传球者"服务商提供）[54]承担兼容性义务，因为在前述情形下，终端用户间的端到端连接可能处于危险之中。[55]此外，根据第6（1）（f）条，《数字市场法案》提案还规定了兼容性义务，覆盖商业用户和辅助服务。供给侧的兼容性义务在特定情况下可能以某种方式拓展，维持合比例性特征，但是应当根据特定平台服务和使用状况进行定制，仔细考虑技术的可行性、经济原理和所有潜在的意外副作用。[56]

该路径并非通过规定数据访问义务，[57]可能更符合这样一个事实（参加第五章第二节与第三节），即平台在市场中的支配地位或实质性力量并非来自必要设施，而是本质上来自网络外部性加上市场信息的私有化和数据市场的缺失。事实上，兼容性和数据可携带性能部分重构市场和交易所内的公共（或更好的集体/共同）信息环境。

该路径的另一个重要补充应当关注平台服务的需求，或者更好的是通过界定数据产权聚焦数据的供给侧。这意味着对数据可迁移性的实质举动，可以横向适用于所有的数字市场，使数据交易明确化，从而为有效数字市场的出现创造必要条件。数据市场能够让新平台在一定程度上访问用户数据，从而构建有效的市场进入动态与可持续竞争。此外，这还有助于救济显著不公的结果，因为对于数据交易创造的利润和价值并没有公平的分配和用户的参与（公平性目标）。事实上，"平台经济导致

162

---

[54]　独立于号码的通信服务是指那些号码仅作为用户标识而不是分配和用于路由操作，如由 Skype、WhatsApp 等"过顶传球者"提供的服务。它们仅面临轻监管，即"过顶传球者"豁免于一般性的授权制度，因为它们不从公共号码资源的使用中受益。

[55]　Article 61 (2) c EECC.

[56]　根据 Larouche and de streel (2021)，"《数字市场法案》不限于给守门人施加义务以确保其与竞争对手的核心平台服务的互联性和兼容性"。

[57]　正如前一章提到的，强制数据访问似乎并不能完全解决竞争问题。首先，是由算法通过数据得到的信息而不是数据本身给科技巨头如此突出的竞争优势，并使它们成为"市场"。算法的效率，即算法从数据中汲取相关信息的能力，已经随着可用的精炼数据越来越多而逐步提升。因此，理论上数据迁移是可能的，但构建数据的算法效率则无法迁移。

143

不公平的后果，用户没有因他们对平台成功的贡献获得报酬，监管应当致力于纠正该分配扭曲"。[58]

正如前面强调的，在没有兼容性义务的情况下，为了克服网络效应，最少数量的相关用户或者最小规模的整体用户必须将他们的数据迁移到新的平台。这要求用户间高成本且高难度的协调活动，以成功从现有平台集体迁移（或者仅仅是关于迁移可能性的集体协商，这也是施加有效竞争压力的相关因素）。这为新的第三方数据中介和聚合商开辟了道路，它们可以代表用户协调（可能）切换到替代平台。

在这方面，正如第六章第二节提到的，另一个欧盟监管提案，即《数据治理法案》，聚焦于数据分享服务和数据中介，除其他外，主要为了推动"以任何形式的报酬在企业间共享数据"，以及"允许在'个人数据分享中介'的帮助下利用个人数据，旨在帮助个体行使他们根据《通用数据保护条例》享有的权利"。

新的数据市场参与者将是尚未纵向整合的第三方运营者。这些中介能够聚合某些用户数据，制衡平台的议价能力。然后，他们可以支持用户隐性交易的数据的增值，且通过以下方式货币化这些数据：(1) 代表用户进行谈判以与平台达成更好的交易；(2) 比较不同平台的不同数据回报条件，引导消费者选择集体迁移（如一个数字比较工具）。从这个角度，《数据治理法案》聚焦于数据分享服务和数据中介，旨在便利数据分享和流通，而从《通用数据保护条例》的角度，更深、更相关的影响可能是通过与《数字市场法案》的特定协调从而在需求侧提升竞争压力。

尽管如此，要沿着这条提升竞争的路径，用户必须拥有界定明确的数据财产控制权，并通过清晰的谈判明确地分配数据可能的用途，同时允许中介对数据享有特定利用方式和权利。因此，最有效的路径处于消费者侧，在平台供给侧界定可迁移义务（数据可携带性），在服务需求

---

[58] Crawford et al. (2021). Also De Michelis di Slonghello and Bolognini (2018).

侧（或者更准确地说是数据供给侧）完善权利界定（参加第五章第三节）。

在这个意义上，在一个公平、富于竞争的数字系统中，"网络中立"原则同样适用于平台—用户（或商业用户）关系。事实上，数字公平和可挑战性要求在数字生态系统的每个层面（包括物理的和虚拟的）建立面向未来的中立网络。此处，下一代网络中立[59]的概念是网络中立概念的进化（参见第四章第二节），通过旨在涵盖每个数字交易关系中所有可能的不透明和不公平歧视背景的规则来实施——即互联网接入提供商、内容程序提供商、平台、商业用户和终端用户。下一代网络中立路径应当广泛适用于所有的生态玩家，当然也要甄别经济和商业特点，区别替代和互补的关系。下一代网络中立规则及其实施因此是一种亲竞争的监管，其结合《数字市场法案》和《数据治理法案》提出的一些规定和理念，包括被赋权的消费者在市场中发挥的关键作用。

聚焦于数字交易的系统化本质导致将所有关于数字市场的监管解释为在数字市场社会中寻求权力平衡的路径，平台制定的私人规则（参见第四章第一节）必须受到监管措施的约束，而监管措施又必须在强度、范围和弹性方面有所下降，这具体取决于实际的市场结构、关系的互补性或替代性、商业模式以及守门力量的类型和强度。

参考文献

AGCM, AGCOM, GPDP. (2019). Big Data.

Australian Competition and Consumer Commission, ACCC. (2019). Digital platforms inquiry (pp.44—55).

Bourreau, M., & de Streel, A. (2019). Digital conglomerates and EU competition policy. CERRE Policy Paper.

Cabral, L., Haucap, J., Parker, G., Petropoulos, G., Valletti, T., & Van Alstyne M. (2021). The EU Digital Markets Act. JRC Report.

---

[59]　Manganelli and Nicita (2020, section 8.4).

Caffarra, C., & Scott Morton, F. (2021). How will the digital markets act regulate big tech? ProMarket.

Chirico, F. (2021). Digital markets act: A regulatory perspective. Journal of European Competition Law & Practice, 12, 7.

CMA. (2019). Market study on online platforms and digital advertising—Interim report of the UK competition and markets authority.

Colangelo, G. (2020). Evaluating the case for regulation of digital platforms. The Global Antitrust Institute Report on the Digital Economy.

Crawford, G., Crémer, J., Dinielli, D., Fletcher, A., Heidhues, P., Schnitzer, M., Scott Morton, F., & Seim, K. (2021). Fairness and contestability in the Digital Markets Act (Discussion Paper No.3). Yale Digital Regulation Project, Policy.

Crémer, J., de Montjoye, Y.-A., & Schweitzer, H. (2019). Competition policy for the digital era. EU Commission.

De Michelis di Slonghello, I., & Bolognini, L. (2018). An introduction to the right to monetize (RTM). Mimeo.

De Streel, A., Feasey, R., Kramer, J., & Monti, G. (2021). Making the Digital Markets Act more resilient and effective. CERRE paper.

Ducci, F. (2020). Natural monopolies in digital platform markets. Cambridge University Press.

European Commission. (2016). Connectivity for a competitive digital single market towards a European gigabit society. COM/2016/0587 final.

European Commission. (2020a). Communication "Shaping Europe's digital future".

European Commission. (2020b). Communication EU data strategy.

European Commission. (2020c). Proposal for a regulation of the European Parliament and of the council on European data governance (Data Governance Act). COM/2020/767 final.

European Commission. (2020d). Proposal for a Regulation on contestable and fair markets in the digital sector (Digital Markets Act), COM/2020/ 842 final.

European Commission. (2021). Communication "Digital compass 2030—The European way for the digital decade".

Furman J., Coyle, D., Fletcher A., Marsden, P., & McAuley, D. (2019). Unlocking digital competition. British Digital Competition Expert Panel.

Larouche, P., & de Streel, A. (2021). The European Digital Markets Act: A revolution grounded on traditions. Journal of European Competition Law & Practice, 12 (7), 561—575.

Manganelli, A., & Nicita, A. (2020). The governance of telecom markets.

Palgrave MacMillan.

Monti, G. (2021) The Digital Markets Act. Institutional design and suggestions for improvement (TILEC Discussion Paper No.4).

Schallbruch, M., Schweitzer H., & Wambach A. (2019). A new competition framework for the digital economy. German Commission "Competition Law 4.0".

Schweitzer, H. (2021) The art to make gatekeeper positions contestable and the challenge to know what is fair: A discussion of the Digital Markets Act proposal. Mimeo.

Schweitzer, H., Haucap, H., Kerber, K., & Welker, W. (2018). Modernisation of abuse control for companies with a dominant market position (pp.59—78).

Stigler Committee for the Study of Digital Platforms. (2019). Market structure and antitrust subcommittee. University of Chicago.

Stucke, M., & Grunes, A. (2016). Big data and competition policy. Oxford University Press.

Tirole, J. J. (2020). Competition and the industrial challenge for the digital age. Mimeo.

第七章 监管平台数字服务：言论与影响力

摘要: 网络平台的扩散导致市场与信息系统的转变，即利用算法来提供广泛的服务，诸如通信、购买商品或访问/提供网络信息等。这一进程产生如下需求，在数字空间中用户的基本权利得到保护以及企业享有一个公平的竞争环境。一个重要的关切是算法效率如何影响多元化。除了数字化转型的收益外，非法与有害内容的交易、信息偏见源的开启以及限制自由选择或言论的风险呼吁监管的介入。欧盟委员会已经启动一个新的条例提案——《数字服务法案》。该法案意在为一个安全、可预期以及可信赖的网络平台环境制定规范，以确保数字基本权利受到保护。一个主要目标是通过给数字中介和平台施加透明度和责任义务解决虚假信息的问题，最终维护欧盟的核心民主价值。

关键词: 网络信息系统　多元化 2.0　虚假信息　《数字服务法案》

第一节　数字服务的公共政策：从"中立"到"节制"

除了科技巨头横跨数个中介市场（以及市场的各个方面）的经济力量，与大量的数字有关的其他重要问题也出现了，尤其是对于传播内容和信息的数字中介与核心平台服务提供者，如搜索引擎（即谷歌、雅虎和必应等）、视频分享平台（即 YouTube 和奈飞等）、社交网络（即推特、脸书和 Instagram 等）、云基即时通信系统（即 Telegram）、网络购物平台（即亚马逊、eBay 等）等。

核心问题之一最初出现在政策争议中，针对网络平台因用户上传或下载非法内容承担的责任，主要体现为著作权侵权、隐私侵权、儿童性虐待内容、恐怖信息、仇恨言论。很多国家的立法保护公民和权利人免受这些非法内容的侵害。

上述所有案例都是关于数字服务对用户权利的影响以及拥有一个安全网络环境的一般性权利。这些都事关数字基本权利的关键内容（参见第四章第二节）。

消费者的自由选择能力，包括消费者在选择内容和信息的上传和下载时能有自由的知情选择，以及退出特定平台/市场架构的选择自由，受到平台经济底层的经济机制和商业战略的影响（参见第五章第二、三节）。这主要体现为：（1）在一个多边市场中构建基于免费服务和数据之间隐性交易的商业模式；（2）通过内部化和挖掘有关每个消费偏好和支付意愿的信息，具备达到类似完美竞争状况下的有效结果的能力。根据欧盟委员会组织的有关新竞争工具的公开咨询，60% 的受访者认为，消费者面对网络平台没有充分的选择权与替代项。这个令人疑惑的答案似乎体现了一个矛盾：网络允许用户完整访问大量信息和内容，其怎么会事实上减少消费者的选择呢？答案非常复杂。一方面，数字平台通过管理和简化信息过载，从而降低消费者的交易成本；另一方面，平台提升消费者对算法过滤的依赖，且使消费者日益曝光于精准营销面前。这一点在受不正当竞争行为影响的以及缺乏透明度的交易上体现尤为明显。此外，鉴于服务的兼容度较低，平台用户无法完整地比较市场上的选择以及它们的价格。转换平台的成本提升必然会影响用户比较各种选择的可能性（体现在访问内容与使用服务、数据画像等多个方面）。归功于它们在多边市场上的中介角色，数字平台可能最终针对商业用户和

169

消费者制定"留下抑或离开"的条件，从而事实上减少市场上的选择。此外，根据2018年欧盟晴雨表调查，61%的欧盟公民表示他们曾经在网络上遇到过非法内容，而65%的公民则认为使用网络不再安全。消费者主张通过一些新的救济来提升他们的境遇，包括：（1）提升内容审核规则的透明度；（2）提供更多广告与目标广告的信息以了解谁赞助了广告、如何以及为什么广告面向特定的用户；（3）提供更清晰的关于为什么推荐该信息给用户的信息；（4）消费者有权利退出基于用户画像的内容推荐；（5）使权力机关和研究者能够更好地访问数据，以更好地了解网上病毒式传播及其影响，从而降低社会风险。很多数字平台决定实施的自我规制政策（行为规范）也涵盖上述救济，用以阻断非法内容的传播。尽管如此，还需要做很多工作以允许对网络平台上的非法内容、产品或服务进行简单而清晰的举报，同时要求平台就其行为规范的实施遵循透明度规则。

正如第六章第一节所指出的，这些担忧要求采取更接近事前竞争监管和消费者保护传统的监管行动，而不是事后反垄断干预。

考虑到用户对数字服务的选择机会，上述观点显得更加正确，尤其是"内容和信息"会影响到某些相关的基本权利：表达自由（发表和接受信息）、接触自由（抵达目标受众并为目标受众接触）、不被告知[①]与不被误导的自由、[②]选择数字驱动画像程度的自由、接受网络精准营销的自由、不被骚扰的自由等。

平台针对非法和有害内容的自我规制源于所谓的好撒玛利亚人规则（Good Samaritan rule），该规则被引入《美国法典》第47编的第230条，作为1996年美国《通信规范法案》（Communications Decency Act）的一部分。正如上文第三章第一节和下文第七章第五节提到的，相似的规则于数年后的2000年在欧盟《电子商务指令》中得到体现，现在将由欧盟《数字服务法案》予以修正。好撒玛利亚人规则针对第

170

---

① Sunstein（2020）.
② Sunstein（2021）.

三方内容为数字平台提供一项全面的免责：使发布第三方用户提供的信息的服务商以及"交互计算服务"使用者免于承担责任（与《电子商务指令》第 12 条类似）；通过"好撒玛利亚人"保护免除数字平台决定移除或限制第三方的内容的民事责任，即使这些内容作为表达自由受到宪法保护（与欧盟《数字服务法案》即将引入欧盟数字法律系统的规制类似）。

　　第 230 条被解释为对第三方内容中介平台的必要保护，因为平台不像传统电台和电视台那样是内容的"编辑者"。同时，数字平台有权引入自我规制来管控平台上的内容以维持一个安全的数字环境（包括移除决定），即尊重它们自己的服务条款。

　　上述两项免责规定在某程度上体现出些许内部矛盾。事实上，一方面，第一项免责（针对第三方内容）维持着将数字平台看作中立环境的观念，即作为一个网络讨论的公共空间，平台仅仅作为一个传输通道的运营者，并不介入传播内容的性质。尽管如此，另一方面，平台选择根据自己的服务条款来管控内容并不使之因此而承担责任，这至少在某种程度上与仅仅作为通道的政策推定相矛盾，即平台保持对传输内容的中立。再者，正如下文所指出的，管理网络内容上传和下载的规则与程序，以及选择内容推送的对象，都使之和"中立"渐行渐远，因为内容的传播实际上由基于个体数据的算法画像所决定。

171

　　因此，第 230 条以及它的内在矛盾反映了政策工具旨在避免寒蝉效应与促进数字平台的发展。数字平台作为一个复杂的信息系统，需要某种免责以抵御法庭上的诉讼挑战。

　　另外，第 230 条的规定并不在联邦层面保护内容提供者免于删除非法内容，如在侵犯版权的情况下。2018 年，第 230 条由《制止性贩运者法》（FOSTA-SESTA）修订。

　　在其后的岁月中，第 230 条给予的保护受到更仔细的检视，2020 年5 月，美国总统特朗普发布行政命令声称，科技巨头实施的内容控制政策走得太远，导致出现了"网络监控"，并要求国会、联邦贸易委员会和联邦通信委员会采取措施改革第 230 条，以防止平台违反保护言论自由的第一修正案的风险。该命令由特朗普发布在推特上，作为对几天前推特将特朗普的推文标注为"不实信息"的回应，在该推文中，特朗普指控在即将到来的总统选举中存在欺诈邮件选票的问题。在 2021 年 1 月 6 日发生袭击国会大厦事件后，脸书、③推特④封禁了特朗普的账号，理由是特朗普严重且屡次违反它们的服务条款（作为管理这些特定法律命令中互动的规则）（参见第四章第一节）。

数周之后，拜登总统在撤销特朗普先前行政命令的同时也确认，鉴于跟新冠和疫苗虚假信息作斗争的需要，修改第 230 条的动议已迫在眉睫。尽管如此，拜登的观点⑤走向了另一个方向，即提升应对虚假信息策略的强度，并强化对非法与有害信息的责任。

在本章，我们主要聚焦于虚假信息相关的议题和数字平台在数据管理、画像以及内容控制方面提升透明度和责任度的需要。为了完全理解数字平台在设计网络信息空间中的角色，重要的是首先调查用户算法画像如何使特定内容的选择能匹配用户的偏好以及其如何作用于平台内容控制政策的设计。

172

第二节　算法设计与内容选择

算法设计处丁网络平台数字服务的核心功能地带，因而它不仅影响选择和传递给消费者的内容的性质，还会影响平台采取、监督和执行它们内容控制政策的方式。算法设计的效率一方面体现为通过向消费者提供有意思的内容抓住他们的注意力，另一方面则体现使精准营销广告达到它们的目的。

---

③ https：//about.fb.com/news/2021/01/responding-to-the-violence-in-washington-dc/.
④ https：//blog.twitter.com/en_us/topics/company/2020/suspension.
⑤ https：//edition.cnn.com/2021/07/20/politics/white-house-section-230-facebook/index.html.

正如我们所看到的，算法机制一方面确保内容创造者与搜寻者之间的有效匹配，另一方面确保平台和广告主之间的有效匹配，这是数字交易的核心。不过平台商业模式仍需要用户的"黏性"或参与，即平台抓住用户注意力的能力，这体现为花费在平台内容上的时间。一般而言，这种结果通过"推介"相关内容来实现。

由于这些领域由算法画像设计基于"大数据"来塑造，数字服务设计的分析仍然涉及数字交易的三个不同层面：

(1) 从内容搜寻者的角度，他们选择内容的自由受到算法"推介"的特定选择的抑制，而算法"推介"则是根据用户的数字足迹所披露的偏好；

(2) 从内容创造者的角度，他们接触内容搜寻者的自由受到平台算法的掌控；

(3) 从广告主的角度，他们匹配内容创造者和搜寻者的自由受到平台算法的掌控和剥削。

网络平台的扩散，尤其是社交网络（包括在广义的社交媒体中），导致"新闻"脱离垂直整合模式，典型的如在线下出版中，出版者对内容选择进行直接或间接的控制，转变为不同"创造"阶段相分离的模式。网络信息正日益被"新闻"所取代，因为很多民众如今通过网络获取信息，尤其是通过社交网络。内容的网络访问改变了用户选择和访问信息的性质，使得相同的用户能够参与内容的创作和再创作，因而降低了传统报纸、广播和电视编辑等中介介入的角色和空间。正如我们在前面几章所看到的，该现象极大地促进了精准导向和定制化广告的成功，从而提升了平台的商业价值。

与此同时，在信息供给侧，信息来源的增加提升了所谓的"外部多元化"（即由不同信息来源驱动的多元化）、拓展了言论自由，这体现为告知他人的自由与通过比较不同替代性来源获取信息的自由。

在这个背景下，每一个用户都可以在网络上创设他自己的"广播"

173

或"报纸"（我的日报）。⑥尽管如此，网络上信息供给的巨量增加导致了"信息过载"的问题：如何从去中心化的信息输入海洋中选取"相关"的信息？

在这里，平台算法的角色成为决定性的因素。在传统的媒体市场，主要报纸、广播和电视网络的声誉和品牌忠诚度构成信息提供者的选择机制，他们接受观众/读者隐含的委托选择信息和内容。在那种情况下，观众/读者通过自由选择竞争的编辑网点在不同内容间进行筛选。在网络上，该筛选机制主要由平台算法完成：用户披露的数据助力算法画像，以便选择的内容在最大程度上符合每个用户的需求。这意味着平台用户必然作出了自由且知情的选择，只不过是在一个由算法刻意设计、量身定做和选择信息的环境中。

由于供给侧聚集了太多信息，算法选择程序通过过滤和选择信息减少访问潜在信息本来需要的时间。因此，算法使网络信息市场中交易成本最小化。信息过载使算法的工作显得高效而有用。

174

根据诺贝尔奖得主赫伯特·西蒙（Herbert Simon）的观点，"信息的丰富导致注意力的贫乏，需要在可能消耗它的过多信息源之间有效地分配注意力"。用户的注意力是稀缺资源，因为它是用户能够且愿意花在寻找信息上的时间。一项近期的调查显示，在注意力稀缺的情况下，信息供给的竞争如何减少消费者的知识。⑦

尽管如此，正如前面提到的，平台算法还承担另外一项任务：一旦用户访问了某些"选取的"内容，从而进一步披露他们的偏好，算法就能"建议"用户可能感兴趣的其他内容。这个特征涉及数字交易的另一个方面，即致力于推送给潜在消费者的精准广告。

这一点反过来又催生了创造所谓"黏性"或"参与"的需要，即平台（以及它在网络广告市场端的付费用户）持续吸引消费者（以及披露他们偏好的相关数据）关注的需要。

---

⑥　Sunstein（2001, 2020）.
⑦　Persson（2018）.关于引文：Simon（1971）。

结果是算法内容选择成为一个复杂、持久的过程，它的最终目的是最大化用户花在平台上的时间，从而最大化广告侧交易的价值。

该过程显然与"中立"相去甚远，这不仅体现在信息和数据的搜集层面，还体现在组织并向用户推荐内容的层面。

例如，脸书的新闻推送最初由平台在网站主页上向用户提供的新闻排行和流量构成。它由算法推荐新闻。万维网基金会（World Wide Web Foundation）最近在阿根廷实施的一项实验展示了，社交网络的新闻推送对于用户网络行为的细微变化是多么敏感，这不仅体现在决定选取的信息方面，还体现在界定何种信息将被展示。该项实验创建了一组相同的账户：仅仅改变其中两个账户的一个特征，而其他账户作为对照组保持不变。这两个账户中唯一一个变化的特征只是他们每个人分别给一个政府代表和一个反对派代表点赞。突然间，新闻推送撕裂了世界，选择不同的新闻、不同的排行，甚至忽略某些新闻。总体上，其只展示了一小部分重要新闻，产生极端的导向。简言之，一个点赞最终改变了两个虚拟主体从网络社交算法处接收到的信息。*

算法对内容选取如此高度敏感可能产生过滤气泡，⑧即一个以可渗透性差、自我参考率高为特征的个人化、极端化的虚拟环境，而算法通过分析每个用户的偏好和选择造就这样的环境。2018 年 12 月，美国国会议员佐伊·洛夫格伦（Zoe Lofgren）在一次听证中问谷歌的首席执行官桑达尔·皮查伊（Sundar Pichai）："为什么你在谷歌图片中搜索'蠢货'时，会显示特朗普的照片？是不是有个小人坐在窗帘的后面决定向用户展示什么？"皮查伊解释道，这取决于页面上匹配的关键词，然后依据算法捕捉到的超过 200 个信号对关键词排序，而算法则源自网络上大量的信息和数百万的讨论。一个相关的案例事关特朗普访问英国期间发生的抗议，抗议者发动了一场将链向特朗普照片的"美国白痴"推上

175

---

* https：//webfoundation.org/2018/04/howfacebook-manages-your-information-diet-argentina-case-study/.

⑧ 这是由美国记者帕理泽（Pariser）引入的一个概念。

热搜的运动。

一项实验性的研究⑨提出这样的推定，即存在"搜索引擎操纵效应"，排序扭曲可能影响选民的选择，如偏好现状。

作为信息搜寻旅途中的信息寻找者，用户止于搜寻的第一步（一站式购物），即仅靠几下点击获得信息包。正如所有匆匆打包的信息，它只包含那些（相信）被需要的东西。但是用户（相信）需要的信息只是确认了其已经存在的世界观。在选择相关信息时，用户实际上被确认他们先前想法（即他们起初的确信）的内容所吸引。这种认知扭曲被称为确认偏见。该思维捷径是降低信息搜索以及信息的过载的理由之一。在网络世界中，搜索引擎或者社交网络算法驱动的内容选择成为确认偏见自我强化的工具。算法选择能够根据用户过去的选择模式或者他们朋友的选择精确地推荐他们可能感兴趣的内容。基于同样的道理，具有相同偏好用户的群体经验（群体思维）强化了用户的信条和认知扭曲，使他们的观念甚至更加极端。反过来，极端化又经"漠视"强化：根据被称为邓宁-克鲁格效应（Dunning-Kruger effect）的悖论，数个实证研究分析了网络内容搜寻者如何倾向于高估它们的实际知识和能力。很多实验表明，我们对一个事物知晓越少，我们就越执着于我们的判断，不信任质疑我们的人，从而使我们的观点极端化。网络引导的确认偏见、极端化以及过滤气泡的存在已经受到很多实证研究的质疑，产生这样一个疑问，即暴露于社交媒体是否使得用户极端化，或者仅仅是基于他们先前的信条挑选观点相近的选民。实证研究仍处于襁褓阶段，辩论依然是开放的。⑩

正如鲍勃·布罗顿（Bob Brotherton）强调的那样，"当我们执着于某一观点时，确认偏见便开始发挥作用"。⑪这并不是什么新观点："我们看待事物的方式是现实存在与我们期待的发现之间的组合。天空对

---

⑨　Epstein and Robertson (2015).
⑩　Sloman and Fernbach (2017). See also Banks et al. (2020). 批判性的观点则参考 Arguedas et al. (2022)。
⑪　Brotherton (2016).

于宇航员和情侣而言是不同的……如果我们不够仔细，对于我们认为熟悉的事物，我们很容易以我们头脑中已经存在的图像来想象它们。"[12]

因而，网络信息搜寻者似乎暴露于双重过滤面前：一方面是确认偏见，另一方面是个人数据的算法画像。算法的扩散针对的是我们的兴趣和我们情绪引起的关注。

结果是用户"自由选择"网络内容（在社交网络、搜索引擎甚至 Telegram 的频道）的数字环境受到多重约束，影响到了数字服务的性质，包括平台从向广告主兜售用户注意力中获得经济收益。

某些方面涉及平台的审核政策，这很大程度上是由算法"检查审核"内容来执行的，当然辅之以一定的人工监督。所有大型平台现在都提供"吹哨人"制度，即由用户根据服务协议举报非法或有害的内容。尽管如此，平台采用的系统以及对吹哨人举报分析和决策的时间各有不同，奉行的用户友好政策也有所不同。审核政策采用自我规制或者在公权力机构前承诺的形式（如欧洲关于制止假消息和仇恨言论的行为准则），但是很多成果依然依赖于吹哨和举报，这导致了呼吁透明和责任的需要。

上述特点在欧洲催生了从自我规制转向共同规制以及对数字服务进行规制的需求，尤其是在选举期间和新冠疫情期间网络不实信息策略的增长之后。

事实上，不实信息和误导信息策略在网络上发现了一个非常适合行动的环境，该环境由平台算法构建，因为算法让这些信息能够精确地到达它们的目标受众。不实信息与任何广告内容一样，可能成功地部署算法对内容的选择，从而传播虚假信息以达到影响政治观点或者用户行为及其对民主机制不信任态度的目的。这解释了为什么处置网络不实信息成为规制平台数字服务的主要依据。

177

---

[12] Lippmann (1922).

第三节　网络（不实）信息的爆炸

2018 年 3 月，网络的创始人蒂姆·伯纳斯-李爵士给万维网二十九周年发了封很长的公开信。信的标题颇有警告意味："网络正面临威胁，加入我们为之战斗。"在信中，伯纳斯-李质疑这一切如何发生，即曾经有丰富且大量可供选择的博客和网站的开放元平台遭到少数主导平台力量的挤压，这些主导平台吞噬小型竞争对手，从而导致一小部分公司能够控制思想和观点如何被看到和分享，也使"它们能够通过给竞争对手设置障碍来稳固其地位"。根据伯纳斯-李，"近来我们已经观察到社交媒体平台上的阴谋论趋势，假的推特和脸书账号引发社会紧张，外部势力干涉选举，罪犯窃取个人数据"。

在这方面，外国团体通过有组织的网络虚假信息策略影响和操控选举的指控在很多国家都成倍增加。除此之外，在网络和社交媒体上传播仇恨言论以及反犹太主义和种族主义的复现已经大规模地影响了网络公共空间。

2019 年 5 月，联合国秘书长安东尼奥·古特雷斯（Antonio Guterres）概述了"在世界各地，我们正目睹令人不安的仇外心理、种族主义和不容忍行为的出现，包括日益增长的反犹太主义、反穆斯林仇恨和对基督教的控诉"。古特雷斯的话依然给我们危险从未远去的感觉："仇恨在自由民主和极权主义系统中都正进入主流。"在此发言的前一年，由欧盟理事会建立的欧洲反种族主义和不容忍委员会（ECRI），谴责日益增长的煽动种族仇恨、仇外民粹争议现象以及它们对欧洲政治的影响。在 2018 年报告中（该报告内容后来在 2019 年得到证实），欧洲反种族主义和不容忍委员会强调，"民众越来越担忧经济状况、地缘政治和技术变化"被"那些把移民和少数族群当替罪羊的人，尤其是意图在国家、种族和宗教方面割裂社会的人"利用。该委员会还强调，这种做法"不仅政治边缘人在使用，而且甚至在更为传统的政党和国家政府中也日益获得更多空间，这是个非常令人担忧的现象"。网络仇恨言论通常经谎言的传播或虚假信息策略而得以维持。

2019年3月4日，法国总统马克龙（Macron）在写给欧洲民众的一封信中坚称，欧洲面临一个新的威胁：即"传播仇恨或者假消息的公共言论，它承诺一切但又反对一切"。

虚假信息策略远比简单的假消息复杂。它们包含目的性、重复性、系统性和病毒式传播的元素，或者针对有特定经济和政治目标的接受者。错误信息（但却容易被认为是真实的）被故意制造出来伤害个人、团体、组织或国家，或出于政治、意识形态或商业目的被确认/污蔑和故意传播（包括点击诱饵）。它们包括：（1）错误语境（真实内容混上错误信息）；（2）受错误来源影响的内容（由错误信息源或装作真正信息源的虚假账户传播的内容）；（3）被创造的错误内容（彻头彻尾的假内容，目的在于欺骗或伤害）；（4）被操纵的新闻（故意且欺骗性地操纵真实信息或图片）。

虚假信息策略为倾向于相信的受众量身定制，因为经数据分析这些受众向算法披露了什么内容可能引起他们的关注。基于数据分析的网络内容算法选择向终端用户提供个性化的知识，即用户"要求和需要"的信息的精确类型。

2017年的前几个月，CNN披露一项针对至少100个专注于政治信息的网站的公共调查报告，这些网站皆由位于纬来斯（Veles）的用户拥有和管理，用来发布有利于特朗普的假消息，而纬来斯则是马其顿共和国的一个城市，人口仅55 000余人。该调查强调存在专门的虚假信息策略，其由个人团体运营，意在通过销售网络广告获得收益。2017年9月，脸书承认，由俄罗斯公司——网络研究中介（Internet Research Agency）资助的数百个假账户在总统选举之前购买针对特定用户的广告位。

在过去数年中，社交网络和各种搜索引擎上的虚假信息策略急速膨胀，意在宣传、操纵和影响选举行为（包括 2020 年美国总统大选）以及有关新冠疫情和新冠疫苗风险的信息。

正如蒂姆·伯纳斯-李指出的，涉及新冠病毒方方面面的虚假信息的爆炸迎合了不信任科学和阴谋论的文化氛围。在 2020 年举行的摩纳哥安全会议上，世界卫生组织总干事谭德塞（Tedros Adhanom Ghebreyesus）表示："我们不是在跟疫情作斗争，我们是在漫天的假消息战斗。"自新冠疫情始，假消息、误导信息和阴谋论逐渐流行。

根据数据房间（Data Room），[⑬]世界上有 449 个网站传播关于新冠的假新闻，其中 274 个位于美国，57 个位于法国，44 个位于德国，20 个位于英国。

面对新冠假消息的膨胀，欧盟委员会重新启动"善良实践规范"，这是一个经由欧盟委员会同意的、由大型网络平台采用的自我规范机制。令人担心的是虚假信息会降低公众对健康机构的信任，鼓励道德风险现象以及防止道德败坏行动中的机会主义。

2021 年 5 月，主要网络平台公布更新用户政策以及它们减少新冠疫苗虚假信息传播的动议。例如，脸书报道，全球有超过五百万用户使用新冠疫苗"标签"。此外，在 2021 年 5 月，全球超过 2.8 亿人访问了脸书设立的新冠信息中心，其中 2 900 万人来自欧洲。仅 2021 年 5 月，脸书就声称在脸书和 Instagram 上移除了 6.2 万条位于欧盟的内容，理由是这些内容违反了新冠和疫苗的虚假信息政策。谷歌给搜索引入了新功能，即向寻找新冠疫苗信息的用户展示核准的疫苗清单、数据以及相关信息。当前提供了更多有关去哪里接种疫苗的信息。

推特更新了给推文加标和移除推文时的通知系统，意图基于"打击"逐渐使用户更加了解他们的行为。这些措施意在减少关于新冠和相关疫苗的虚假信息。自从引入了新冠指南，推特声称已经在全球警告了 1 170 万个账号，终止了 1 340 个账号，并移除了 37 900 条推文。

---

⑬　AGCOM（2018）.

网络虚假信息的爆炸将会持续。这不是一个因用户行为产生的临时现象，而是复杂客观动态与目的性策略的结果，即经济目的（如点击诱饵）和（地缘）政治战略的复合作用腐蚀了网络信息系统，并威胁到制度和社会凝聚力。[14]

随着世界上越来越多的民众主张通过社交网络获得日常信息，虚假信息策略至少在诸多关键问题的政治议程设定塑造和政策设计上取得了成功，例如气候变化和健康政策。该现象反过来又引发了有关网络多元化的本质和演进的基础问题。事实上，随着网络上的"公共辩论"日趋高度割裂、未经证实、混乱、自我选边和极端化，虚假信息策略可能取得成功。

第四节　数字服务设计与"多元化困境"

网上虚假信息策略之所以会成功，原因在于所谓"平台多元化困境"，即由于算法分析，数字平台提供的需求和供应之间的有效匹配与追求开放的在线多元化之间的权衡。

事实上，高效的"内容"匹配会产生意想不到的后果，尤其是对于搜索引擎和社交网络来说，会从用户的信息领域中取消任何不"首选"，或与实际用户的配置不匹配的内容。与此同时，"不良或虚假信息"也在网络上被疯狂传播。因此，一方面，由于越来越多的用户倾向于减少接触不符合他们现有"偏好"的内容和信息，网络多元化减少了，另一方面，网络上的疯狂讨论通常不质疑信息的虚假或真实性。

这里的悖论是，与主流传统媒体相比，数字信息通过网络传播，尤其是通过社交媒体传播，最大限度地降低了获取信息的交易成本。然而，它也减少了搜索"相关"和经过验证的信息所花费的时间。传统主

---

[14] Cosentino（2020）.

流媒体的衰落带来了更多的自由，可以直接从其他来源获得信息。然而，许多学者认为，矛盾的是，网络的兴起可能会导致多元化减少，而加剧两极分化。正如瓦里安（Varian）在 1998 年所写的那样，劣币驱逐良币[15]的格雷沙姆定律（Gresham Law）很可能适用于信息："互联网上的低成本和低质量信息会给那些提供高质量信息的人带来问题。"[16]

在过去的几年里，许多实证研究在世界各地开展，这些研究记录了网络用户"选择性关注"的驱动力，这些研究只关注网络用户先入为主的想法，忽视、遗忘和低估了歪曲这些想法的其他一切因素。最近的一份报告[17]从经验上衡量了社交媒体中确认偏见的重要性，以及它在思想和公共辩论中制造两极分化的能力。根据报告中发表的实证分析，信息消费模型和用户与网络平台上新闻的互动表现出两极分化、选择性曝光、同质化和所谓回声室出现的强烈趋势。也就是说，根据这些研究，用户倾向于选择与他们的偏好和信念一致的信息，形成两极分化的个人群体，他们对共同的叙述有着相似的想法，并且相互冲突的信息被忽视了。

这就引出了以下问题：平台的算法与网络多元化兼容吗？我们的第一反应是积极的：网络比以往任何时候都允许更多的言论自由和"自由接触"。然而，算法分析可能会导致内容的选择与通常所说的多元化方向相反。一方面，对不一定反映我们信仰和偏好的想法和内容的接触可能会显著减少；另一方面，"说谎者"和"傻瓜"的匹配可能会加剧谎言和虚假信息的增加。那么，两极分化的谎言可能会在取代多样化、多元化和基于事实的新闻方面取得巨大成功。正如伯纳斯-李所说，这种现象甚至可能改变选举偏好（和结果）。

Morpheus Cyber Security 和 APCO Worldwide 最近的一项研究试图对分析失真的（不可避免的）影响进行初步分析，尤其是对 2018 年美国亚

---

[15]　Varian（1998）.
[16]　Sunstein（2017）.
[17]　AGCOM（2018）.

利桑那州和佛罗里达州中期选举期间推特平台上的"影响竞选活动"的影响。其中一项发现是，平均而言，对候选人的支持有很大一部分（亚利桑那州27%，佛罗里达州24%）来自机器人，也就是说，来自虚假账户。一个例子表明，该算法有时是有罪的，成为了机会主义行为的对象，这些机会主义行为是由有针对性的虚假信息运动引起的，这些虚假信息运动专注于制造虚假和两极分化的新闻，通过虚假账户和机器人的帮助和编排，使话题标签（hashtags）流行起来，或者在谷歌和YouTube排名中培养特定内容，损害他人利益。在牛津大学计算宣传研究项目（Computational Propaganda Research Project）于2017年发表的一项研究中，伍利（Wooley）和吉博尔特（Guibeault）对2016年美国总统竞选期间推特上机器人的作用进行了研究，得出了有利于这种宣传所产生的可衡量的影响的结论。

　　某些新闻是被故意制造或设计的，其目的是触发我们的情绪，并使该新闻获得更广泛传播。此时，真相失去了它的重要性，或者一种更恰当的说法是，它承担了我们的情绪传递给它的重要性。除了对投票结果的最终影响外，很容易验证情绪虚假信息策略是如何影响议程设置的。根据所谓的共振效应，这些都是非常有效的策略，因为它们根据接收者的特征来调整宣传信息。

183

> **专栏7.1　剑桥分析公司案**
>
> 　　剑桥分析公司（Cambridge Analytica）丑闻是过去几年占据新闻头条的一个案件。剑桥分析公司是一家英国公司，专门挖掘和处理来自单个个人和用户的大量数据，以创建一种心理测量档案，该档案对商业和政治微观目标策略具有效用。一切都始于剑桥大学的一位研究人员，其创建了一个心理测量系统，一个每个用户都可以使用自己的凭据访问脸书的应用程序。在同意使用应用程序的过程中，用户允许应用程序获取不同的信息，甚至是关于他们的朋友的信息。据《纽约时报》和《卫报》估计，从最初使用脸书登录在该应用程序上注册的27万人来看，通过朋友的朋友，这个数字将达到令人难以置信的5 000

184 万个脸书个人资料。当剑桥分析公司从研究人员那里购买这些数据，然后将其用于政治和选举营销时，问题开始出现。数以百万计的用户在前往投票站之前已经准备好接收情感刺激、选举宣传和虚假信息的个性化信息。加利福尼亚州北区检察官就脸书与剑桥分析公司的交易对脸书进行了调查，据《纽约时报》报道，纽约东区对未经事先同意或通知用户而（出于商业目的）与其他公司共享数据的行为进行了调查。

在英国，数字、文化、媒体和体育委员会（Digital, Culture, Media and Sport Committee）于 2019 年 2 月 18 日发布了一份题为《虚假信息和"假新闻"：最终报告》（Disinformation and "Fake News"：Final Report）的报告，重新阐述了网络和一些社交网络（如脸书）在脱欧公投和政治选举中采用的虚假信息策略，披露外国干涉的证据，并报告与这些行为有关的网站，这些网站随后被脸书删除。该报告最后提出了一系列操作、立法和监管改革要求（将在最后一章中引用），涉及对在线平台和社交网络实施控制，以防止虚假信息和数字主导。

这一问题不能仅仅是数据使用的隐私或透明度问题，其核心是算法如何学习提供多元化的结果。用户是否需要新的工具和规则来访问一切，来发现他们需要的信息，包括他们收到的新闻流信息，以及为什么——所谓的可发现性规则。

如何才能消除选择性的阐述、两极分化和虚假信息，以产生多样性，使我们暴露在意想不到的情况下？正如森斯坦（Sunstein）[18]所建议的那样，我们可能需要一种算法来解决算法多元化的问题，平衡和调节

185 内容，保护其免受虚假信息和仇恨言论的影响。这让我们回到了在线信息系统中的数字服务设计问题。

---

[18]　Sunstein (2019).

　　欧洲最近的一些改革试图解决网络多元化的问题。在德国，2018年1月，《网络执行法》（NetzDG）法律生效，目的是迫使社交网络运营商在任何被明确归类为仇恨言论的内容被举报后24小时内将其删除，而更有争议的内容可以在7天内撤回。不遵守法律将被处以最高5000万欧元的罚款。2018年11月，法国通过了一项禁止假新闻或网络诽谤的法律。选举候选人在投票前三个月内，可就其认为虚假或诽谤性的新闻向法院提出上诉，要求立即撤回该新闻。此外，上诉可以由公共机构、一方或任何其他声称受到伤害的主体提出。法官有48小时的时间来确定这条新闻是假的或是诽谤性的，然后下令将其撤回。相关主体可以对法官的裁决提出上诉，并在48小时内宣布裁决。罪犯可能面临最高一年的监禁和最高75000欧元的罚款。此外，传播冒犯性新闻的媒体有义务披露任何金融家或广告商的身份。

　　德国和法国的立法受到了批评，因为假新闻和仇恨言论的定义很广，而法定的删除时间很短。与德国相比，法国法律允许第三方当事人法官对案件进行评估，这一点得到了高度赞赏。在意大利，意大利通信监管机构电子通信与媒体局已经开始对搜索引擎和社交网络的自我监管程序进行比较，以期待欧盟委员会成立假新闻和网络虚假信息高级别小组（High-Level Group on Fake News and Online Disinformation）。意大利电子通信与媒体局和欧盟委员会的重点是关于个人假新闻的网络虚假信息策略，特别是通过网络广告，关注与这些策略来源和融资手段的联系。相反，在2019年，关于仇恨言论，电子通信与媒体局批准了第一项法规，以对抗广播和电视上的仇恨言论 [重点是英国监管机构英国通信管理局（OFCOM）如何进行广播和上下文准确性]，其还预见了对在线视频共享平台的联合监管形式，根据欧盟委员会批准的《视听媒体服务指令》中规定的线路。

　　然而，由此产生的问题是，如果没有由具有数据和算法检查和审计权力的独立机构彻底检查，以核实所采取措施的影响，则自我监管的效率低下。

186

自我监管显示出了一些局限性。内容、账号和广告之间的关系还需要调查，以打击违规或涉嫌采用虚假信息和点击诱饵策略的主体。

2018 年 12 月，欧盟委员会通过了一项行动计划，以加强成员国与欧盟机构之间在应对虚假信息威胁方面的合作，这也涉及 2019 年的欧洲选举。脸书、谷歌、推特和 Mozilla 在 2018 年 10 月自愿签署了准则，从而承诺：

(1) 阻止非法广告收益，即通过更改信息进行广告获益的网络档案或网站，并为广告商提供关于制造虚假信息的网站的适当安全和信息工具；

(2) 允许向公众传播政治广告信息，并致力于更合乎道德的广告；

(3) 对身份识别和网络机器人有明确的公共政策，并采取措施消除虚假个人资料；

(4) 提供信息和工具，帮助个人作出明智的决定，并促进接触涉及公共利益问题的不同观点，同时重视权威来源；

(5) 为搜索者提供符合保密原则的数据访问权限，以便他们能够跟踪并更好地了解虚假信息的传播和影响。

脸书宣布已删除了 364 个来自俄罗斯的虚假身份页面，这些页面与莫斯科的新闻机构 Sputnik 有关，表示其中一些页面经常传播反北约新闻。谷歌宣布，仅在 2019 年 1 月，它就删除了意大利的 6 226 个广告账户和欧盟的 48 642 个广告账户，这些账户违反了规定（虚假账户、虚假身份、与假新闻传播的联系）。此外，脸书宣布已开始与 25 家独立的事实核查公司合作，使用 17 种不同的语言（包括意大利语）。

187　　　欧盟委员会虽然赞赏这些承诺，但同时宣布，其极为关切的是各平台不愿制定具体指标来衡量它们针对这些承诺所取得的进展，而且缺乏细节，使得委员会难以了解平台迅速实施新政策、使用新技术工具，以及配置充分资源的能力。到目前为止，根本问题仍然是不存在对所提供的结果进行第三方验证和数据流检查的可能性，这也涉及其货币化。因此，至少数据经济使用的审计和检查权需要移交给独立的第三方主体，例如负责维护多元化的当局。然而，由于虚假信息（和错误信息）的策略非常迅速和有效，第三方验证的设想需要尽快做到。正如伯纳斯-李回忆的那样，该策略有可能对自由民主辩论产生深刻的破坏性影响，最终对我们民主的运作也产生破坏性影响。

最后，在 2020 年 12 月，欧盟委员会提出了一项名为《数字服务法案》的新法规提案，该法案也旨在应对虚假信息问题，以及主要数字平台通过的自律的透明度和问责制。

第五节 走向新的监管设计：《数字服务法案》

《数字服务法案》扩展和更新了 2000 年通过的《电子商务指令》中规定的关键原则（至今仍然有效），并根据中介服务提供商在数字生态系统中的作用、规模和影响，明确中介服务提供商的责任和问责，为欧盟提供数字服务奠定了法律框架。此外，《数字服务法案》提案并没有取代现有的部门立法，而是作为一个横向特别法对其进行补充，就数字服务和在线中介而言，它涵盖了经济的所有部门。特别是，《数字服务法案》补充了《视听媒体服务指令》《数字单一市场版权指令》和横向消费者保护指令。⑲本欧盟立法提案的法律依据是《欧盟运行条约》第 188 114 条，所选择的法律形式是"条例"的法律形式（这意味着一旦条例生效，成员国将无需采取任何实施行动）。

《数字服务法案》的主要目标是：(1) 促进在线中介服务内部市场的正常运作，以及 (2) 为安全、可预测和值得信赖的在线环境制定统

---

⑲ Audiovisual Media Service Directive：Directive (EU) 2018/1808. Directive on Copyright in the Digital Single Market：Directive (Eu) 2019/790. 有关消费者保护的主要指令（第四章第三节）为 Directive on unfair contract terms（Directive 93/13/EC），Directive of unfair commercial practices（Directiver 2005/29/EC），和 Consumer Rights Directive（Directive 2011/83/EC）。为了使欧盟现行消费者法律与数字化进程接轨，上述所有指令均被 Directive on better enforcement and modernisation of EU consumer protection（Directive 2019/2161/EU）修订。

一规则，从而有效保护《欧盟基本权利宪章》所载的基本权利。[20]

这些目标将通过引入关于数字中介机构和在线平台具体应尽义务的新规则来实现：即内容责任、在线用户安全、审计、报告、可追溯性和透明度，以及建立（即确认）有条件免除责任的框架。

事实上，其基石仍然是《电子商务指令》中所载的原则（参见第三章第一节）。更具体地说，《数字服务法案》提案坚持：（1）如果在线中介服务提供商满足《数字服务法案》提案中规定的某些累积条件，则免除责任；[21]（2）禁止成员国对中介服务提供商施加一般监督或积极义务，要求其寻求不法者进行非法活动的事实或情况。

欧盟委员会还引入了好撒玛利亚人规则，借鉴并改编了美国立法中的这一概念（参见第七章第一节），根据该规则，中介服务提供商在开展自愿活动以检测和删除非法或违反其"服务条款"的内容时，不被排除在责任豁免之外。

然而，根据某些的说法，协调各责任规则的目标似乎并没有完全实现：[22]《数字服务法案》只包含了关于中介服务提供商免除责任的全欧盟规则，然而，对于中介服务提供商承担责任的条件，没有可适用于全欧盟的规定。它们承担责任的条件由其他欧盟规则（没有明确协调）或各成员国国内法决定，从而限制了《数字服务法案》在整个欧盟创造公平竞争环境的能力。[23]

拟议的《数字服务法案》条例规定了在线服务的不对称义务，这些义务取决于所提供服务的性质和提供商的规模（参见表7.1）。特别需要

---

[20]　DSA Article 1.2.
[21]　例如，如果服务显示相关产品或信息是由在线平台提供的，那么那些允许用户和专业人员之间签订合同的平台就不能免除责任。
[22]　Cauffman and Goanta（2021）and Buiten（2021）.
[23]　Cauffman and Goanta（2021）反对欧盟委员会的这种做法。"虽然《解释性备忘录》（Explanatory Memorandum）提到，《电子商务指令》中的责任豁免得到了利益相关者的广泛支持，但不可否认，这一豁免也受到了批评。例如，有学者认为，在网络市场的情况下，消费者往往依赖平台的品牌形象，甚至认为他们的缔约方是平台，而不是使用该平台将其商品和服务商业化的一方。总而言之，《数字服务法案》似乎更关心为中介服务提供商提供法律保护和确定性，而不是为使用其服务的消费者提供法律保护。"

表 7.1 《数字服务法案》中的在线服务义务（来源：EU Commission 2020）

义务	超大型平台	在线平台	托管服务	所有中介平台
连接点	●	●	●	●
法定代表人	●	●	●	●
条款和条件	●	●	●	●
报告义务	●	●	●	●
姓名和地址	●	●	●	
理由陈述	●	●	●	
投诉处理	●	●		
合约到期	●	●		
值得信赖的旗手	●	●		
滥用行为	●	●		
了解业务和客户	●	●		
报告刑事犯罪	●	●		
广告透明度	●	●		
报告义务	●	●		
风险评估和诉讼	●			
独立审计	●			
推荐系统	●			
提高广告透明度	●			
危机公关	●			
数据访问和审查	●			
合规专员	●			
报告义务	●			

累积义务

注意的是，《数字服务法案》的义务是有区别的、累积的，并且对以下主体的要求越来越高：(1) 所有中介服务；(2) 提供托管服务的中介机构；(3) 在线平台；以及 (4) 超大型平台。这些类别是以这样一种方式构建的，即每个类别都涵盖后面所有类别。

关于更广泛的服务类别，该提案根据《电子商务指令》，将中介服务确定并定义为纯粹的管道服务（简单传输）、缓存服务（为了提高传输效率而进行的临时存储）或托管（存储）服务。其中，托管服务需要承担额外的义务。额外的义务被保留给在线平台，最后还有一些义务被保留给超大型在线平台。在这种情况下，在线平台被定义为"托管服务的提供商，应服务接收方的要求，存储信息并向公众传播信息……"，㉔这意味着信息可供潜在数量不受限制的第三方使用；超大型平台是那些拥有超过 4 500 万用户或欧盟 10% 人口的平台，因此在传播非法内容和社会危害方面构成了更大的风险，并因此受到额外的具体规则和超级愿景的约束。

从适用于所有中介服务的义务开始：例如，一般的"应尽"义务包括指定一个联络点，该联络点根据《数字服务法案》第 47 条与成员国当局、欧盟委员会和欧洲数字服务委员会（European Board for Digital Services）进行沟通（如果它们的总部设在欧盟以外，则在欧盟任命一名法律代表）。此外，提供商在其服务条款和条件中必须明确说明将对用户施加的任何限制，并且必须对非法内容或违反其条款和条件的内容如何以及何时被删除或禁用保持透明。

在线平台有义务遵守上述义务之外的其他义务：它们必须建立一个内部投诉处理系统（易于访问和用户友好）；此外，它们更有义务与经过认证的庭外争端解决机构合作，解决用户的争端。为了打击网上非法内容，拟议的法规还规定了"值得信赖的旗手"的作用，即表现出特定专业知识和合作的实体：在线平台必须优先处理投诉，从而加快程序并

㉔　DSA Article 2 (h) (i).

提高准确性。此外,《数字服务法案》列举了必须采取的防止滥用在线平台的措施,例如暂停经常发布明显非法内容的用户账户。作出此类决定的事实和情况以及账户暂停的持续时间必须在条款和条件中明确规定。

一方面,根据第 2003/361/EC 号建议(Recommendation 2003/361/EC),如果一平台符合微型或小型企业的资格,则被排除在额外义务之外,另一方面,超大型网络平台必须遵守额外的规则,以减轻通过其服务传播非法内容所产生的系统性风险:[25]从对行使某些基本权利(尊重私人和家庭生活、言论和信息自由)的任何负面影响,到故意操纵其服务。特别是,这些平台必须每年至少进行一次风险评估,即评估其在欧盟运营和使用其服务产生的系统性风险,并采取合理有效的措施来减轻这些风险。此外,超大型平台必须任命一名合规官,并且必须由外部和独立方进行评估,以验证是否遵守了法规。[26]关于自学习(self-learning)算法的使用,此处提案的相关要点在于透明度义务,即在平台上提供内容的决策算法的主要参数(排名机制),以及提供给用户修改这些参数的选项:平台必须向用户提供至少一种非基于分析的选项。

该条例在其目前的表述中还规定,这些超大型平台有义务向数字服务协调员(每个成员国都必须将其确定为主要执行者)或委员会本身提供必要的数据访问权限,以监测其遵守《数字服务法案》的情况。必须向从事系统性风险研究的学术研究人员公布这些数据,并规定其限制和模式。《数字服务法案》还包含了在大型在线平台违反上述义务的情况下加强监管的具体要求。此外,如果侵权行为持续存在,欧盟委员会有权进行干预。

与算法和人工智能的作用最为关系密切的主题,是引入托管服务和

192

---

[25] 在线平台和超大型在线平台的额外透明度和应尽义务说明,它们在遏制非法和有问题内容方面可以发挥的关键作用。Buiten (2021).
[26] C. Cauffman and Goanta (2021) 认为,这些措施是将监管权力外包给私主体的一个例子。"因此,风险的识别和解决首先留给超大型在线平台本身,而履行其具体义务则外包给私营审计公司。"

各种规模的在线平台在删除所谓的"非法内容"时必须要履行的义务。《数字服务法案》旨在遏制非法内容的传播，其核心方面之一实际上与内容审核政策有关，该政策由算法实施，即由基于自学习过程的人工智能机制实施。

然而，应该强调的是，《数字服务法案》并没有统一非法内容（产品或服务）的定义，它只是统一了某些程序性事项。非法内容的定义取决于欧洲或各成员国国家层面的其他立法将哪些内容视为非法。这并不令人惊讶，因为委员会直接监管非法内容将涉及艰难的权衡。一段时间以来，各成员国的政策制定者一直面临着困难，一方面是更详细地下定义，另一方面是不限制言论自由。这种担忧在《数字服务法案》中也很明显，这是因为给被删除内容和账户暂停的用户提供补救机制的义务数量很多。

这里的主要政策要点有两个：（1）定义"非法内容"和（2）使用识别此类内容的算法方法。非法内容的定义包含两个方面，一方面是现行立法明确禁止的内容，如儿童色情、网络欺凌等；另一方面是不符合平台规则（服务条款）规定的原则、规则和行为准则的内容，即被视为有害但本身不必然非法的内容，如仇恨言论、虚假信息等。一般来说，非法信息（如仇恨言论、煽动暴力或诽谤性言论）和"有害但并不非法的内容"之间存在区别，后者并不被要求强制删除。政策主要的新颖性在于，第三方有权访问易于使用的在线程序，通过该程序可以将所谓的非法内容通知服务提供商。如果服务商删除了该内容，则内容被删除或账户被暂停的用户有权立即获得作出该决定的原因，并可以对服务商的决定提出质疑，即使该删除决定的确是基于平台条款作出的。特别是，用户可以直接投诉平台服务商，选择庭外纠纷解决机构或向法院提起赔偿之诉。㉗

㉗ 关于这一点，C. Cauffman and Goanta（2021）认为："诚然，用户仍然可以自由地向法院提请赔偿。然而，对于许多非专业用户来说，司法程序的费用可能会抑制其起诉意愿。因此，争端的解决可能仍主要掌握在私主体手中。虽然要求建立内部争端解决系统是可以理解的，但问题是，特别是在言论自由受到威胁的情况下，通过引入限制此类诉讼费用的统一规则来促进诉诸法院诉讼，是否比促进庭外争端解决更合适，是值得思考的。"

对在线中介机构的管辖权将取决于中介机构的主要设立地，或者，如果中介机构不是在成员国设立的（但在欧盟内提供服务时在《数字服务法案》适用范围内），则取决于指定的欧盟法律代表的立场。

194

然而，由于提供商（尤其是大型平台）通常至少在泛欧基础上运营，更常见的是在全球范围内运营，《数字服务法案》第47条还设立了一个由每个成员国的数字服务协调员组成的咨询小组，称为"欧洲数字服务委员会"。该委员会将负责协助数字服务协调员和欧盟委员会监督大型在线平台，在必要时协调监管活动（包括联合调查），并监督数字服务协调员的活动。

考虑到这些关于平台（尤其是大型平台）如何管理内容的规则，《数字服务法案》与欧洲民主行动计划（European Democracy Action Plan，EDAP）[28]共同代表了欧盟在虚假信息政策上的转变：从自我监管转向了共同监管。欧洲民主行动计划围绕三大支柱制定了措施：一是促进自由公正的选举；二是加强媒体自由和多元化；三是打击虚假信息。而《数字服务法案》提案作为一项横向法案，主要通过缓解大型平台可能造成的系统性风险，由处理旨在放大有害行为的"操纵"，间接遏制虚假信息的传播。由欧盟委员会提出的《数字服务法案》条例目前正由欧盟议会和欧盟理事会进行政治批准。因此，它还需要进一步的演变和调整。无论如何，《数字服务法案》是对数字服务的有效监管，尽管有一些限制和遗漏，但它似乎正朝着用户协会要求的、欧盟公民所需的方向发展。欧盟公民面临越来越大的风险，例如，非法与有害内容和不安全产品在网络上传播、公民获取带有偏见的信息、公民有意识地选择信息时受限、公民言论自由也受到某种程度的限制。

正如整本书反复强调的那样，数字中介和在线平台已经成为我们日常生活、经济和社会不可或缺的一部分。今天，我们的活动、身份和大部分自我都是在所谓的"数字市场社会"中表达和发展的。因此，明确

195

---

[28]　European Commission (2020b).

定义基本数字权利，对于应对风险至关重要——即那些可能对公民、公司、公平高效市场原则以及民主价值观产生深远影响的风险。事实上，根据欧盟的口头禅"线下的非法行为，在线上也同样非法"（what is illegal offline must be illegal online），数字化转型并不能证明欧盟公民和公司根据欧盟法律享有的权利和自由存在例外。然而，重要的是，数字市场及其权利和自由并非独立于线下市场。数字政策终极目标是塑造这样一个数字生态系统：为人们提供更高的生活质量，帮助人们实现其核心价值观和需求，此种价值观和需求不是通过算法选择的，而是由历史、传统、对话和非中介情感塑造的。完善的网络权利保护当然是至关重要的一步，但这只是一个中间目标。换言之，它是一种加强和提高整体权利和自由、充分利用个人和公司的新机会以及刺激可持续经济增长和创新的手段。这就是以人为中心的数字化转型的深刻意义：根据数字世界对人们生活的影响，来评估、引导和塑造数字世界。这就是"《数字服务法案》—《数字市场法案》"一揽子计划的目标，以及《通用数据保护条例》和《数据法案》、消费者保护现代化和更广泛的欧盟数字政策（即部署安全和高性能的数字基础设施、促进企业的数字化转型、发展人们的数字技能和识字能力，以及基本公共服务的数字化）的目标。这也是2022年《数字权利和原则宣言》（参见第四章第一节）的明确目标，该宣言建立在《欧盟条约》《欧盟基本权利宪章》和欧盟法院判例法的基础上。正如书中强调的那样，上述一些行为和政策应该以更系统的方式进行协调，一些方面可以改进或更好地进行定义。也许，其中一些措施并不完全有效，需要进行调整或修订，尽管如此，人们普遍认为，欧盟数字政策的总体方向和总体方法是正确的，主要评价是非常积极的。构想、建立和实施对数字市场的有效、高效和公平的监管确实是一个非常复杂和漫长的过程。通过建立数字化指南，逐步追踪欧洲（以及整个世界）数字未来的"道路"，欧盟持续地向着这样一个具有挑战性但不可或缺的目的地进发。虽然我们仍在这段旅程中，但所有人都应该记住托尔金（Tolkien）在1954年告诉我们的话，这句话直至今日

196

在"数字地球"中仍然使用："并不是所有流浪者都会迷失方向。"（not all those who wander are lost）

参考文献

AGCOM. (2018). News vs. fake in the information system. Interim Report of sector inquiry "online platforms and the information system".

Arguedas, A. R., Robertson, C., Fletcher, R., & Nielsem, R. (2022). Echo chambers, filter bubbles, and polarisation: A literature review. Report of the Reuters Institute.

Banks, A., Calvo, E., Karol, D., & Telhami, S. (2020). #PolarizedFeeds: Three experiments on polarization, framing, and social media. International Journal of Press/Politics, 26 (3), 609—634.

Brotherton, R. (2016). Suspicious minds: Why we believe conspiracy theories. Bloomsbury Sigma.

Buiten Miriam C. B. (2021) The Digital Services Act: From intermediary liability to platform regulation. Working Paper.

Cauffman, C., & Goanta, C. (2021). A new order: The Digital Services Act and consumer protection. European Journal of Risk Regulation, 1—17. https: // doi.org/10.1017/err.2021.8.

Cosentino, G. (2020). Social media and the post-truth world order. Palgrave Macmillan.

Epstein, R., & Robertson, R. (2015). Search engine manipulation effect (SEME). Proceedings of the National Academy of Sciences, 112 (33), 4512—4521.

European Commission. (2020a). Proposal for a Regulation on a single market for digital services (digital services act, DSA) and amending directive 2000/31/EC (e-commerce Directive).

European Commission. (2020b). Communication on European democracy action plan. COM/2020/790 final.

Lippmann, W. (1922). Essay on public opinion.

Persson, P. (2018). Attention manipulation and information overload. Behavioural Public Policy, 2 (1), 78—106.

Simon, H. (1971). Design organizations for an information-rich world. In M. Greenberg (Ed.), Computer communication and the public interest (pp. 37—52). Johns Hopkins University Press.

Sloman, S., & Fernbach, P. (2017). The knowledge illusion. Riverhead Books.

Sunstein, C. (2001). Republic.com. Princeton University Press.

Sunstein, C. (2017). #republic: Divided democracy in the age of social media. Princeton University Press.

Sunstein, C. (2019). Algorithms, correcting biases. Social Research: An International Quarterly, 86 (2), 499—511.

Sunstein, C. (2020). Too much information. MIT Press.

Sunstein, C. (2021). Liars. Falsehoods and free speech in an age of deception. Oxford University Press.

Tolkien, J. R. R. (1954). The fellowship of the ring.

Varian, H. (1998). Markets for information goods.

图书在版编目(CIP)数据

监管数字市场:欧盟路径/彭诚信主编;(意)安
东尼奥·曼加内利(Antonio Manganelli),(意)安东
尼奥·尼基塔(Antonio Nicita)著;王杰,李炫圻译
.—上海:上海人民出版社,2023
书名原文:Regulating Digital Markets:The
European Approach
ISBN 978 - 7 - 208 - 18455 - 8

Ⅰ.①监⋯ Ⅱ.①彭⋯ ②安⋯ ③安⋯ ④王⋯ ⑤李
⋯ Ⅲ.①欧洲联盟-信息经济-资本市场-金融法-研究
Ⅳ.①D950.228

中国国家版本馆 CIP 数据核字(2023)第 142450 号

策　　划	曹培雷　苏贻鸣
责任编辑	伍安洁
封面设计	孙　康

监管数字市场
——欧盟路径

彭诚信 主编
[意大利]安东尼奥·曼加内利　著
[意大利]安东尼奥·尼基塔
王　杰　李炫圻 译

出　　版　上海人民出版社
　　　　　(201101　上海市闵行区号景路 159 弄 C 座)
发　　行　上海人民出版社发行中心
印　　刷　上海商务联西印刷有限公司
开　　本　635×965　1/16
印　　张　12.5
插　　页　2
字　　数　163,000
版　　次　2023 年 8 月第 1 版
印　　次　2023 年 8 月第 1 次印刷
ISBN 978 - 7 - 208 - 18455 - 8/D·4174
定　　价　52.00 元

上海人民出版社·独角兽

阅读，不止于法律，更多精彩书讯，敬请关注：

微信公众号　　微博号　　视频号